社労士
45歳からの
合格・開業の
リアル

中央経済社 ◆ 編

中央経済社

はじめに
──人生後半戦を変える！

　役職定年。定年後再雇用による給与カット。年金支給開始年齢の引き上げ。ロスジェネ・氷河期世代以上を取り巻く環境は，決して甘くありません。

　90歳まで働くとして，45歳からの「人生後半戦」にどう働き，どう稼ぐのか。それは「どうやって生きるか」そのものです。

　リスキリングが叫ばれる中，一つの選択肢として資格取得があります。中でも，独立開業可能な資格として人気なのが，社会保険労務士（以下，社労士）です。

　ただ，社労士試験は，覚えるべきことが膨大です。記憶力や体力が衰えてきた中高年には厳しくも思えます。さらに，「社労士なんて取得しても食っていけない」というネガティブな話も巷に溢れています。

「実際のところどうなの？」

　本書では，10人の合格・開業体験記を集めました。
　人生後半戦を変える起爆剤となれば幸いです。

2024年2月

中央経済社編集部

CONTENTS

● ●

PART Ⅱ

45歳からの合格ガイダンス

PART

I

45歳からの
合格・開業体験記

40代〜60代まで,
人生後半戦を変えたい!
と挑む10人の体験記です。

FILE 1

49歳で一発合格。
海外貢献できる社労士を目指して

堀川眞也（ほりかわ・しんや）

▶受験開始／合格／開業登録：2014年（49歳）／ 2014年（49歳）／ 2017年 （52歳）
▶予備校等：TAC
▶開業資金：自己資金200万円+信金融資200万円
▶支出内容：セミナー研修 200万円，パソコンプリンター等50万円

PROFILE

特定社会保険労務士・キャリアコンサルタント・2級ファイナンシャル・プランニング技能士。無線機器技術者として外資系メーカーに22年，その後日系メーカー2社で10年勤務。会社員時代，110回の海外出張，22カ国を訪問，1500日以上海外に滞在。49歳で社労士試験に合格，52歳で独立し社労士事務所を開業。2022年には研修・コンサルティングの株式会社を設立。会社員時代，製品設計のため6カ国のメンバーと一緒にプロジェクトを行った経験から，グローバルコミュニケーションを得意とする。海外での経験を活かし，社会保険労務士として，またキャリアコンサルタントとして外国人雇用，LGBTQの就労支援，企業内の異文化理解醸成などを行う。
「幸せに働けること，働く事で幸せに」という信念のもと，すべての人が働きやすい環境作りのため，職場風土づくり研修やパワハラ防止研修なども行っている。

事務所ホームページ：https://www.feliciance-sr.com/
FACEBOOK：https://www.facebook.com/shinya.horikawa
Twitter：https://twitter.com/copiping
ブログ：https://ameblo.jp/kopi-ping/

現在の仕事の割合

顧問先の手続・労務相談・給与計算：7割
企業研修・セミナー：2割
障害年金・キャリアコンサルティング：1割

売上推移

1年目：250万

2年目：550万

3年目：850万

4年目：1,000万

5年目：1,100万

6年目：1,250万

＜はじめに＞

　無線通信機器設計技術者として外資系メーカーの日本支社で22年，その後日系企業2社に10年勤務してきました。外資系企業と日系企業では働き方や人事評価の考え方が違うと身をもって体験しました。

　「働く」時間は，人生の中でも長いです。「『働く』ことが幸せにつながる仕事がしたい」と思い，社労士の資格を取得しました。

　人事労務については未経験で，独立開業について迷いもありましたが，合格後3年の準備期間を経て，退職して開業をしました。本稿では，その当時のこと含めお話しをさせていただきます。

社労士を志したきっかけ

人とのかかわりが苦手でエンジニアを希望

　生来，あまり人とのかかわりが得意ではありません。中学時代に電気技術者に憧れ，工業高校電気科を卒業後，専門学校の無線工学科に進学しました。「ひとりで黙々と機械相手に仕事がしたい」と思い，エンジニアの職を希望し，無線機器設計開発部門のある外資系企業に就職しました。

　入社から10年間は，技術取得のための勉強に明け暮れました。開発した

製品の試作，量産のため海外工場で仕事をすることも多くあり，品質管理などにも携わりました。

外資系企業は，目標管理評価における完全成果主義でした。海外での実績などを評価され，32歳（当時最年少）で管理職に昇進することができました。さらに，海外との共同プロジェクトのプロジェクトマネージャーとして，製品設計の責任者を任されたり，年の半分は海外へ出張したり，仕事に充実感を感じていました。

管理職としては，部下の育成，人事評価，毎月の 1 on 1 面談などを行い，苦手だった人とのかかわりをここで学びました。

外資系企業が日本撤退，日系企業に転職

外資系企業は，時間管理もなく成果のみで評価されていたので，プロジェクトの合間に 3 週間連続の有給を取得することも可能でした。41歳の時には介護休職を 3 カ月取得したこともありました。

その反面，相対評価で下位10％に位置すると退職勧奨となり，また管理職は部下の目標管理を行い，目標達成をさせなければその管理職自身が退職勧奨になるなど厳しい面もありました。給与制度，部下の人事評価，面談手法や，賃金テーブルの考え方など，ここで今でも役立つスキルが身についたと思います。

しかし，私が42歳のとき，日本国内の事業を撤退することとなり，事業部全員が整理解雇となりました。都市伝説のように言われている，「明日から会社に来るな」という宣告が私たちの事業部に起きたのです。

22年勤務していた会社の退職日は宣言の 3 カ月後と決まりました。

転職活動を行い，取引先の日系企業に勤めることになりました。しかし，入社してみると，パワハラ，リーマンショック後の給与減額，個人に選択の余地のない転勤など…。結局，3 年半で退職し，地元横浜に開発拠点のある日系の無線機器，携帯電話メーカーに再度転職しました。

　転職後，副役職ですが管理職として110名の部下を擁する立場に就きました。早速，部下の人事評価を行うことになりましたが，人事評価方法はとても承服できかねる内容でした。

　例えば，「有給休暇取得者」の評価が下がったり，休日出勤が多く残業時間の長い者の評価が高くなったり…。さらに，本人にフィードバックをすることすらしません。とても耐えられず，管理職を自ら辞し，海外市場開拓の部署に異動させてもらいました。その後は，息が詰まる思いで仕事をしながら，会社に人生を預けることに限界を感じていました。

「会社に人生を左右されたくない」社労士取得を決意

　「会社に人生を左右されず生きていきたい」と考えていたとき，社労士という資格があることを知りました。この資格を活かし，人材育成，従業員定着，評価制度改善，ワークライフバランスの改善などの業務を行っている先生方の活躍を拝見し，「働くことが幸せにつながる仕事がしたい」と思ったのがこの資格を取得するきっかけとなりました。

合格するまで

一発合格！

　受験を決意したのは，2013年8月，48歳のときでした。年15回近い海外出張があることから，リアルのクラスでの受講は諦め，講義の収録動画を資格学校の個別ブースで視聴することにしました。

　同時並行で，年金アドバイザー3級試験の勉強も始め，10月に受験し合格しました。このおかげで，社労士試験の年金パートは得意科目となり，あとあととても助かりました（あくまでも同時並行で受験することをおすす

めするものではありません（笑））。

　リアルクラスでなかったので，受験生仲間を作れず，孤軍奮闘でしたが，他の受験生との差を気にすることがなかったことが私には良かったと思っています。

　収録講義の視聴は，眠気との戦いで，かなりの苦行でした。それでも，カリキュラムは全部受講しました。海外出張のない土曜日は学校に缶詰になっていましたし，海外出張中も飛行機の中や現地のホテルで音声講義を聞いていました。

　ただ，頑張っていたものの，4月から7月までの模試の結果は常にD評価でした。だんだん「今年は無理かもしれない」という気持ちも出てきましたが，「この試験勉強をさらに1年続けるのは無理だ」と1回で合格することにこだわりました。

　7月中旬以降は，過去問，模試の問題をくり返し，わからない所は，都度テキストに戻りました。社一労一は，範囲の広さをカバーするため，推理推測から正しい選択肢を選ぶ確率を上げるようにしていました。

　さらに，試験直前は，10日ほど会社を休んで最後の追い込みをしました。

　自己採点の結果，「割れ無し択一46点」という微妙な点数でしたが，無事1回の受験で合格することができました。

合格後

3年の準備期間中に400枚の名刺を配る

　社労士受験は，家族以外誰にも告げず，孤独な戦いでした。合格後も会社には伝えないまま，翌年の事務指定講習を受講しました。

　事務指定講習修了後は，当面開業する予定ではなかったのですが，社労

士会に「その他登録」をしました。

そして，社労士向けのセミナー，研修会等にできるだけ出席し，さらに開業塾にも参加しました。

開業塾同期のメンバーとは今でも勉強会を継続していたり，セミナー終了後の懇親会で出会った出版社の方との縁で数年後にセミナー DVD を出版したり，このときのつながりは今も活きています。

そのほかに，行った開業準備は以下のようなことです。

・支部内の社労士に覚えてもらえるように，社労士会の集まりには積極的に参加。
・社労士周辺資格の取得（特定社労士，FP，メンタルヘルス検定，国家資格キャリアコンサルタントなど）。
・社労士関連セミナーの受講，書籍の購入。
・創業支援セミナーの受講。
・セミナー講師，資金調達などの勉強会に参加。
・ブログ執筆の開始。
・ボランティアで年金セミナーの講師を実施。
・地元金融機関とのパイプづくり。
・ホームページ作成のための WordPress の勉強（自分でホームページを作成）。

この 3 年間で，社労士やその他士業の方など，400 枚の名刺を交換しました。開業塾同期のメンバーが次々と開業したり，社労士事務所に就職したり，社労士として活躍していくのを横目に，私の開業への気持ちもだんだん固まっていきました。

2017年10月 1 日に自宅開業

合格から 3 年後の2017年，開業することを決意し，賞与の支給を待って2017年 7 月末に退職しました。52歳の時でした。その後 2 カ月間を準備期間とし，雇用保険の再就職手当を受給し，2017年10月 1 日に自宅にて開業

しました。

　会社員時代の苦い経験から，雇用されたくないという思いが強かったため，社労士事務所等への就職や，委託等でお手伝いをすることはまったく考えずのスタートでした。

　一切の人事労務の経験も無く，社労士としての手続業務も行ったことがないなかで，未経験（ずぶの素人）状態での開業でしたが，以下の条件が揃ったことが，踏み切る決断を後押ししてくれました。

・開業後の資金繰りに目処が立ったこと。
・さまざまな勉強をしながら，社労士としての独自性，差別化の方向性を見つけられたこと。
・勤めている会社の将来性の不安が顕在化したこと。
・子どもの独立が決まり学費が不要になったこと。

開業当初の状況

　準備期間で，多くの社労士の先輩と仲良くなりました。開業日を決めた旨を話すと，先輩が1社顧問先を紹介してくれました。これはとてもありがたいことでした。

　紹介された会社と顧問契約を結ぶと，早速「従業員の退職手続をしてほしい」と依頼されました。

　未経験だったので，まずは自宅事務所に帰り，社会保険，雇用保険の資格喪失の手続，離職票の書き方などを調べました。翌日退職届や，賃金台帳，出勤簿をもらいに行き，まる1日かけて離職票を書き上げました。

　すべての仕事が初めてです。顧問先の依頼があるたびに，一つ一つ調べながら手続を進めました。そのおかげで，なんとかひととおりの手続業務ができるようになりました。未経験でも受け入れてくれた顧問先には感謝しかありません。

　読者の中には「未経験だから不安」という方も多いと思います。ただ，最初は誰でも未経験です。来た仕事に調べながら対応すれば，何とかなります。時間がかかりますが…。

　その後も自分が得意としていること，やりたい仕事について発信を続けました。その結果，他の社労士や税理士からお客様を紹介され，開業後から今まで，特に営業活動は行わず今日まで来ています。

　未経験からのスタートなので，当然行う仕事全てが初体験です。しかし，やったことがなくても「できます」「やります」と言い続けることで，だんだん「その仕事ができる社労士」と認識され，紹介が来るようになりました。

差別化への道

　「できます」「やります」については，特に事務所として4つの差別化ポイントをお伝えするようにしました。逆にやらないことも決めました（やらないことについては，お断りするのではなく，他の社労士とつなぐなど，お客様の要望に応え，お客様との縁を切らないようにしています）。

①　研修・セミナー講師

　会社員時代から，社内や顧客に向けたプレゼンを数多くしてきました。そのため，講師として活躍したいという思いがありました。

　社労士会の支部の勉強会で発表に手を挙げたり，有志の勉強会に登壇したり，経験を積むようにしました（会社員時代は副業ができなかったので，無償の登壇でした）。

　開業後は，有償でのセミナーを年6回程度自主開催しました。場所の確保，集客，宣伝，集金，開催，録画，動画のアップをすべて1人で行いました。集客が最も難関で，大阪で開催したセミナーでは参加者が1名，交通費等で大赤字ということもありました。

ただ，続けていると力になるもので，４年目からは自主開催ではなく，出版社，財団法人，社労士会，医師会，企業などのセミナーや研修に招聘されるようになりました。現在は年25件ほどの研修・セミナーに登壇するほか，セミナーＤＶＤを２本出版しています。

セミナー風景

②　英語対応できる社労士事務所

これまで英語を使って仕事をしてきたので，社労士業務でも英語力を武器にしたいと考えています。

ホームページ等で「英語対応可」と表記し，英語対応できる事務所をアピールしています（さすがに人事労務系の英語は難しく，どこまで対応できるかわからなかったのですが…）。

その作戦が功を奏し，社労士や外資系専門の税理士から外資系企業を紹介され，現在顧問先の４分の１が外資系企業です。

今では英文の顧問契約書を発行したり，社会保険・労働保険の説明，労働法，就業規則，雇用契約書の発行なども英文で行ったりしています。日本語教師とコラボし，外国人労働者向けの日本の労働法基礎セミナーも実施しました。

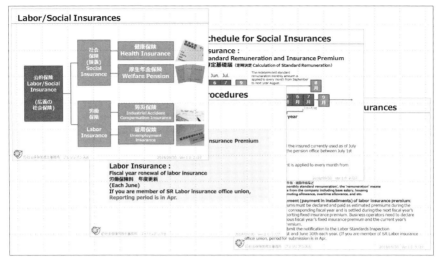

▶英語セミナー資料

③　情報セキュリティ

「無線通信機器設計開発」の経験があるので，これを活かさない手はありません。元勤務先の外資系企業では，米国の軍事機密を扱う事もあり，また新製品の設計開発部門に所属していたことから，社内の情報セキュリティについてはとても厳しい教育を受けてきました。

また，管理職として自部門メンバーの情報セキュリティについても管理監督する立場であったため，使用者の立場からわかりやすく伝えられると自負しています。

中小企業や士業事務所の多くが，情報セキュリティがとても甘く，危険な状況です。私が支援を行う事で，この状況を改善したいと，積極的に啓蒙活動を行っています。その結果，各地の社労士県会，支部からもセミナーの依頼を受け，実施しています。

④ 障害年金

　障害年金は，取り組むには難しく，当初は受注する予定ではありませんでした。

　ただ，顧問先の従業員が障害年金の請求をすることになり，費用はいただかずに（顧問料の範囲内で）お手伝いすることになりました。書籍やDVDを購入したり，セミナーに参加したりして障害年金請求のイロハを学びながらの請求代行でしたが，無事に受給が決まりました。

　一度経験すると，「障害年金の請求経験あります」と言うことができるようになり，すると案件を紹介されたり，お客様からお客様を紹介されたり，現在も常にとりかかり案件がある状態が続いています。

　障害年金は受給が決まるとお客様にとても喜んでいただけるので，やりがいがあります。できる件数には限界はありますが，毎年4件程度手続を行っています。

コロナ禍中の事務所の拡大

　開業3年目に入ると，顧問先や研修・セミナーの件数が増え，忙しくなりました。自宅事務所も限界となり，スタッフを雇用するため，事務所を借りることにしました。

　2020年5月の入居となったのですが，ちょうど新型コロナの流行が始まり第1回目の緊急事態宣言まっただ中でした。

　顧問料の入金が滞り，「事務所も借りてしまったのに，この先どうなることか」と不安になりましたが，顧問先には，雇用調整助成金の請求支援を無償で行ったりし，最大限の支援を行いました。結果，顧問先の廃業，倒産ゼロで難局を乗り越えることができました。

2022年にはパートスタッフ（有資格者）を雇用し，業務に当たっています。

開業準備でやってよかったこと

　最後に，試験合格から開業までの3年間の開業準備中に私が行ったことで，やってよかったと思うことを紹介します。ちなみに，開業準備として事務所名の「フェリシアンス」と事務所のロゴを商標登録しました。これは単なる自己満足です。

①　人とのつながり作り

　社労士，他士業，経営者，その他多くのつながりづくりは必ず糧になります。以下のことをしていました。

・「開業準備中」と書いた個人の名刺を作成し，セミナー後の懇親会では，講師の先生も含め参加者と，また支部の会合など人と会う場面では必ず名刺交換していました。

・Facebook等も活用し，継続して発信して，存在を覚えていただけるようにしました。
・事務指定講習修了後から，ブログを開設し発信を続けています（現在も継続中）。
・神奈川県が行っている創業支援セミナーにも参加し，これから起業する経営者と知り合いになりました（このセミナーに参加することで，「特定創業支援等事業」の認定を受け，融資の金利優遇や，信用保証料の減免がありました）。

②　資金繰り

　地元信金から借金をしました。開業後の資金繰りは，自己資金で３年分を準備していましたが，あえて開業資金融資を借りることにしました。それには以下の理由があります。

・資金融資を受けるための創業計画書，収支計画書，経営理念などを作成することで，自らの強み，弱みを理解し，開業後の事務所運営をぶれないで行えるだろうと考えたこと。
・地元金融機関とのパイプを作ることができ，中小企業との接点づくりや，金融機関様主催でのセミナー講師としてのご用命をいただけるようなアプローチが出来ると考えたこと。
・運転資金が確保でき，自己資金を生活費にまわすため，気持ち的にも余裕が生まれること。
・高額なセミナーへの参加も躊躇無く申し込め，仕入れができることなどいいことづくめであること。
・横浜市のシニア企業応援融資に応募し，「特定創業支援等事業」の優遇と合わせ金利が優遇されたこと。

　「返済しなければ」というモチベーションにもなりますし，自己資金があるときでなければ借りるチャンスもなくなるということもあり，開業資金融資を受けました。最近もスタッフ雇用時に２回目の融資を受け，信金とのパイプを強固にしています。

失敗したこと／やらなくてもよかったこと

　さまざまなことに取り組んできましたが，中には失敗したものもあります。

　例えば経済産業省の「経営革新等支援機関」の認定を費用と時間をかけて取得しましたが，残念ながら実績ゼロで，失効してしまいました。

　また，契約した顧問先において業務内容が，主に顧問先の派遣社員の勤怠入力を行う単純作業になってしまったケースや，受諾した給与計算業務が，あまりにも煩雑すぎて，計算ミスをくり返し，顧問契約解除になったケースもありました。

　ちなみに，大手コンサル会社が行っている社労士向けの営業支援の誘いもありましたが当時の売上からとても払える金額ではなく，契約しませんでした（今となってはその判断で良かったと思っています）。

これから

事務所拡大に向けて

　開業して6年が経過しました。本当にやりがいのある仕事ですし，会社員時代とはまったく違う心地よいストレスを感じています。

　50歳前後は，会社員として最も責任があり，収入も多い時期でした。「もったいないのでは」という周囲の声もありましたが，この時点で呪縛を断ち切り開業したことは正解だったと思っています。

　顧問先や依頼が増えているので，事務所をあと数名のスタッフを雇用できる規模にしたいと考えています。

海外での仕事に向けて

　社労士として，海外で仕事をしたいと考えています。会社員時代は年間200日ほど海外出張していた時期もありました。社労士になってから，海外に行く機会がなく，少し残念に思っています（笑）。

　働く人は世界中にいます。社労士という資格は，日本独特の資格ですが，社労士としての知見は世界でも活かせるのではないかと考えています。

　社労士が海外でできること，海外で働く人のためにできること，日本で働く外国籍の方にできることなどに取り組み，海外でも仕事をしたいと考えています。

　第一歩として，「社労士の海外貢献勉強会」を立ち上げ，同じ目的意識を持つ社労士と集まっています。社労士の経験が日本以外にも，また，日本で働く外国籍の方にも役に立てることを探っている最中です。外国語でキャリアコンサルティングができる方にも参画してもらい，包括的な支援ができればと考えています。

　社労士の仕事は本当に楽しく，やりがいがあります。本当に良い資格であり，良い仕事に恵まれたと感じています。

　これからも，縁する皆さんのお役に立てるよう，私の思いである，経営者，従業員双方を支え「働くことが幸せ」といえる社会づくりに貢献して行きたいと考えています。

Message

　私の社労士へ転身のきっかけは，整理解雇や転職先の職場環境が合わないことというネガティブなものでした。ただ，環境を変えたい気持ちが社労士受験から開業につながっていきました。

　まったくの未経験での開業は，「仕事が完結できるのか？」「収益が上げられるのか？」不安ばかりでした。ただ，一つ一つ仕事をすることで経験が積みあがっていきました。結果として未経験は大きなハンディにはならなかったと考えています。

　もともと人見知りで社交性が無く，人付き合いが得意ではなかったため技術者になったにもかかわらず，今は人の中にどっぷりと浸かって仕事をしているのが不思議です。

　私の場合，48歳で受験勉強開始，49歳で合格，52歳で退職・開業でした。ちょうどこの年代は，職場でも重要なポジションに付き，家庭でも子育てや介護でお金のかかる時期です。判断に迷うのは仕方ありません。私の原動力は「今何がしたいか」と「今が一番若い」この2点でした。

　今，昔の私と同じように開業に迷われている方もいると思います。ただ，迷っていられる時間は限られています。

　独立したら「不安はデフォルト」でやって来ます。もちろんリスクヘッジは必要ですが，もしも本当に社労士としてやりたい仕事があるのであれば，一歩踏み出してみるのはいかがでしょうか？

　応援しています。

ITx法律で地域に貢献できる社労士を目指して

小林勝哉（こばやし・かつや）

▶ 受験開始／合格／開業登録：2014年（57歳）／2019年（62歳）／2020年（62歳）
▶ 予備校等：1回目は独学，2回目はユーキャン，3回目以降は佐藤塾
▶ 開業資金：70万円
▶ 支出内容：写真撮影代，事務所家賃，ロゴ発注費，リーフレットや封筒の制作代，PCやソフトなどIT購入費，ホームページ用レンタルサーバー契約費，コーチング受講料など

PROFILE

特定社労士。小林勝哉社会保険労務士事務所　代表。元NTTのIT専門家で，経済産業省とソフトウェア分野の産官学の交流推進等にも従事。NTTグループ在職中，兼業にて社労士事務所を開業。ITx法律で価値創造をと，現在，厚生労働省委託事業 東京テレワーク推進センター相談コーナーにて，専門相談員とコンサルタントを担当。テレワークを通じた多様な働き方の定着へセミナーも多数開催している。就業規則の策定，ハラスメント相談窓口，テレワーク勤務制度の定着，70歳雇用推進プランナー，100年キャリアアドバイザー®としても活躍の分野を広げている。
事務所ホームページ：https://sr-koba.com/

現在の仕事の割合

相談顧問等：1割
テレワーク定着支援等：6割
高年齢者雇用支援等：3割

売上推移 （※会計期間は1月1日〜12月31日，ただし1年目は10月1日〜12月31日）

1年目：　0万円
2年目：176万円
3年目：355万円

社労士を志したきっかけ

シニア社員としてのキャリアプランの模索

　NTTグループに入社以来40年間，IT系の専門職としてソフトウェア開発の道を一貫して歩んできました。入社当初からソフトウェア技術の研究開発に携わり，40代からは技術企画担当のマネージャーとして最新技術の調査や産官学によるオープンソースソフトウェアの普及に取り組んできました。また，50代からは社内組織の労務・総務業務やセキュリティのマネジメント業務を担当するようになり，「マネージャーとして社員ひとりひとりの輝く笑顔を見ることを最高の喜びとして，陰の挑戦に徹する」と心して，部下に接していました。

　一方で，退職後を見据えたキャリアプランを模索するようになりました。社内のキャリア相談室を訪ねたり，先輩に相談したりするなかで「どんな生き方をしたいのか」が少しずつ明確になっていきました。そして，「人に喜んでもらえる仕事で貢献の人生を歩みたい！」という思いから，それを実現する手段として「社労士を取得しよう」と決意しました。

　ただ，はじまった受験生活は，当初の私が考えていたよりも何倍も大変でした。受験生活中は，人生の相談をした先輩から教えていただいた下記の問いかけを手帳に書き出し，事あるごとにいつも見返していました。

■英知を磨くは何のため（手帳のメモより）■
　「何のため」に学ぶのか。「何のため」に実力をつけるのか。それは，悩める「友のため」である。苦しむ「人々のため」である。行き詰まった「世界のため」である。自分自身が賢く強くなれば，皆を幸福の方向へ，希望の方向へ，勝利の方向へとリードしていくことができる。

合格するまで

57歳でチャレンジ開始

　最初に手にした教材は，ユーキャンの初学者向けの市販本でした。まずは概要を理解しようと図表を中心にイメージを学び，続いてユーキャンの通信教育教材や速習レッスンのCD講義などを活用して，2年ほど自己学習での挑戦を続けました。

　しかし，実際に本試験を受けてみると想像以上に壁が厚く，自己学習の限界を感じました。そこで，講師の講義を間近で受けられる少人数の予備校「佐藤塾」（辰已法律研究所）に通うことにしました。

　この時，すでに59歳。定年年齢の60歳まで残すところあと1年，定年後再雇用を選択しても63歳で会社員生活が終わるという年齢でした。

　佐藤塾の講座は，佐藤としみ講師の論理的でよどみのない講義が素晴らしく，また，プレミアムテキストは実務でも辞書として使えるくらい詳細でした。条文ベースで通達や判例を加えながらハイスピードで進む講義に圧倒されながらも，「社労士試験は法律の勉強なんだ」とはじめて実感しました。

　佐藤塾2年目からは，復習方法を工夫しました。熱い講義終了後は，すぐに貼り込みや書き込みをしつつ，読み返しました。また，自分で「これだけノート」を作り，絶対に外せない暗記項目やまとめ表を貼り込んだり，給付体系と要点を自分なりにまとめたりしました。直前期にはこの「これだけノート」で全科目の基本的事項を繰り返し復習しました。

　しかし，選択式は基準点割れ無しの合格ラインで，択一式も「基準点割れ無し」でしたが，合格ラインまであと合計1点足りないという，とても悔しい結果で涙を呑みました。

合格の年

　佐藤塾３年目には，徹底的にプレミアムテキストへの情報の一元化を行いました（詳しくは22頁）。通勤時間に講義の音声を1.5倍速で毎日聴き，プレミアムテキストの詳細な条文や通達や判例を，深く記憶に定着させました。さらに，「択一式の１点の壁の突破のためには，解答マシーンのように過去問を100％解けるようにならなければ」と思い，10年分過去問を３セット購入し３回転しました（詳しくは24頁）。

　合格への決め手となったのは，忘れもしない2019年３月，講師との学習法相談における，「いまの学習時間では絶対に合格できない！　合格には，倍の学習時間が必要だ！」という厳しい一言でした。この一言を受け，それまで月50時間未満の状態から，４月以降は月60時間から100時間に挑戦することにしました。会社での業務時間以外は，朝も昼も夜もいつも勉強していた気がします。

　勝負の夏は，超直前期に向けて具体的な準備を行いました。

　７月中に全科目再読を行ったなかで，超直前期に読み返すべき重要ページをマーキングし，答案練習や模試で間違った論点をまとめて「論点メモ」を作成しました。この「論点メモ」は，付箋に書き出し，類似テーマで再分類して，暗記カードとして超直前期に活用しました（詳しくは24頁）。

　８月には，「これだけノート」から横断で理解すべき重要な項目について，自分自身に講義するように音声を録音し，1.5倍速で繰り返し聞きました。すると，難しい給付体系図や限度額表もイメージ鮮やかに思い出せるようになりました（詳しくは25頁）。

　「何があってもこの山を越えてみせる！」という気概で臨んだ本試験当日。午前はクーラーの風で北極での受験かと震えながらも回答を埋め，午後は席の変更が認められて落ち着いた席での受験と相成り，絶対に勝ち超えるとの強い一念で合格をつかむことができました。

私が実践した学習法について

① メインテキストに情報を一元化

　メインテキストは、「世界で一つだけの自分専用のテキスト」として直前期までに作りあげようと決めました。以下、具体的にご紹介したいと思います。

【見出しやインデックスの工夫】

・上から順に、章や単元別のインデックス。章や単元別のインデックスは3つ貼ったらまた上から3つ貼る（貼っていない部分を残すことで、高速でテキストのページをめくることが可能）。

・テキストの中の便利な「一覧まとめ」の箇所は、簡易インデックスで開きやすくする。

・7月のテキスト総読み直し復習のときに、超直前期の1週間前に読み返すべきページについて決め、章や単元別のインデックスに重ねて大付箋を貼る。

・付箋の色分け。

　ピンクの付箋：過去問の2回目に間違ったり佐藤塾の答案練習や模試で間違った論点

　青の付箋：他社の模試などで間違った論点

　黄色の透明付箋：選択の重要論点となる条文のページ

　緑色の透明付箋：法改正の条文

　WPと書いた付箋：10年分過去問で間違いの多かったウィークポイント

【書き込みの工夫】

・ライブ講義やWeb講義の時は鉛筆で書き込む。講義中に講師の先生がマークをすすめる条文のキーワードも，鉛筆でマルをするに留める（例外的に，選択で過去に問われた条文だけはピンクマーカーでマーク）。

・色を決めて授業後にマーキング。

　緑：法改正の箇所のタイトル。復習時や法改正講義の後の知識の整理に役に立てる。

　オレンジ：選択で出題された実績のある重要論点。このオレンジの周辺は，再度選択で出題される確率が高い。

・択一で問われたキーワードには，囲って線を引く。

・選択で問われた論点は，ピンクで塗ったり，囲った線引きをピンクで下部を塗り足したり，ピンクで統一。

・10年分過去問や答案練習で間違った論点は，赤のボールペンで下線。他社の模試などで間違った論点は，青のボールペンで下線（どの答案練習で間違ったかは，鉛筆で付記）。

【貼り込みの工夫】

・大判の付箋紙を活用。テキストに貼る以外にも，自由に移動できるのが便利。ゴロ等も，付箋で貼っておいてあとで自分流に仕上げる。

・講義の補助教材は縮小コピーして，メインテキストに貼りこむ。

書きこみ，貼りつけいっぱいのテキスト

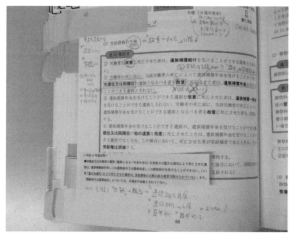

書き込み方を
工夫

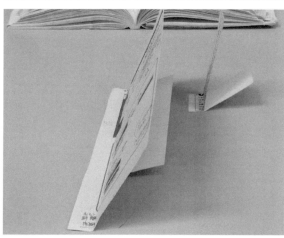

活躍した
大付箋

② 10年分過去問を使い倒す

　過去問は3回，ワークシートのように使い倒す事としました。

　1回目は，講義と並行して解きます（余裕があれば講義に先行）。解き終わったら，必ずウィークポイントを整理し，自分の言葉で10個くらい書き出しました。

　さらに，10年分過去問の条文別出題数と，その条文別誤り枝数を数えて，間違った枝の分布を把握することで，復習に役立てました。

　2回目，3回目は，間違えた枝について，清書した「論点メモ」を作成しました。特に3回目の過去問の「論点メモ」については，超直前期の総復習のなかで確認と暗記を行うのに役立ちました。

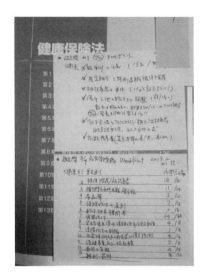

間違いの枝を
分析し弱点補強

③　セルフレクチャー

　どうしても暗記できない項目や引っかけ論点は，自分自身への音声講義を行った音声を録音し，それをヒアリングして暗記しました。まさに最終兵器です。

　暗記用に自分で作成した「これだけノート」から重要な箇所を，自分自身に講義するように読み上げました。

　択一の正誤を確実にするために，「これはマル」「これはバツ」と白黒はっきりさせるように強弱をつけて読みました。不思議なことに，この方法で給付体系図や確定拠出年金拠出限度額などの表が，鮮やかに思い出せるようになりました。

これまでにない感動を味わった合格発表

　62歳の秋，2019年11月8日，第51回社労士試験の合格者発表を迎えました。早朝から落ち着かない気持ちで，会社に到着して官報掲載を待ちました。

　受験番号があることを確認した瞬間，家族，職場の仲間，励ましてくれた先輩・後輩への感謝の思いでいっぱいになりました。いきなり扉がパッと180度開いて，一気に世界が広がったような感覚でした。

　合格の喜びとともに，「いったい何をすれば？」という戸惑いもありましたが，社労士の先輩に報告すると，「楽しんでください！」と大激励されました。「そうだ！　思いっきり楽しもう！」と，開業準備を進める腹が決まりました。

　帰宅すると，子どもたちが「バンザーイ！　バンザーイ！　バンザーイ！」と喜んでくれました。ずっと格闘する親父の背中を見てくれていたんだなあと感無量でした。

　そして家庭のことをすべて護り支えてくれた妻は，静かに「長い間，ご苦労様でした」と，言ってくれました。

合格後

勤務登録から開業準備の歩み

　「1日でも早く社労士登録をして人脈を開拓したい」と思い，勤務先に相談したところ，2年間の実務経験の従事期間証明書を出せるとのことで，一気に登録に進みました。

　まずは勤務先の地域でたくさんの勤務社労士の皆さんと交流を深めたいと思い，勤務登録をしました。しかし，登録後すぐにコロナ禍に入ったた

め，一切の対面行事が中止となってしまいました。

　そこで，たくさんの社労士事務所の開業体験を書籍で読み込み，仕事のイメージをつかむことからスタートしました。

さまざまなことにチャレンジした開業準備

　「これまでの会社員生活ではやってこなかったことをやってみよう！」と思い，開業準備ではさまざまなことに挑戦しました。

①　事務所名・ロゴ

　商標調査や言葉のもつイメージを丹念に調べた結果，やはり私という人が商品だと考え，少し長いですがフルネームを入れた事務所名としました。

　ロゴは，私が大切に考えている地元・新宿区での地域貢献やひとりの人を大切にすることなど，デザイナーにどんな社労士になりたいかを伝えて依頼したところ，新宿区での開業に込めた思いを形にしていただくことができました。モチーフとなったイメージは，新宿区の木でもある「けやき」で，武蔵野を代表する木です。けやきの木は「ひときわ優れている」「人々の心のよりどころとなる」「まっすぐで間違いがない」といった意味合いを持つ木でもあり，地域社会のひとりひとりに寄り添う私の経営理念にも合致するものとなりました。

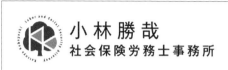

②　コーチングやファッションコーディネートを受講

　「士業は人が商品」だと考え，人間力を磨くことにもチャレンジしまし

た。例えば，コーチングとファッションコーディネートを受けてみようと，それぞれの専門家に依頼をしました。これは，新しい自分自身の発見ができ，とても良い経験になりました。

　特に，コーチングの専門家の方からは，「一つ一つをしっかりと振り返り，ご自身の学びにされている姿勢に大変感銘を受けました。これは大変素晴らしい強みですね！　半年後には退職されて新しい世界にチャレンジされるとのこと。最終ゴールの仕組み作りに向けて，本や講義で学びを得るだけではなく，常に実践されていくことやご自身では気づかない思考のブレーキを外していけるとゴールへの近道となると思われます。応援しております！」という暖かなエールもいただき，励まされました。

③　事務所選び

　事務所選びには，力を入れました。実際にさまざまな物件を見て歩きながら，まさに汗を流して検討しました。

　最初は，「コワーキングスペースを併設しているレンタルオフィスが手ごろではないか」と考え，「交通の便が良い」「郵便局が近くにある」などの条件をリストアップして物件の目星をつけました。しかし，実際に見学に行ってみると，どうも物持ちの良い私にはレンタルオフィスでは書類保管スペースが圧倒的に足りないとわかりました。

　そこで，「合同事務所であれば，先輩の社労士の先生もいらっしゃるので実践的ではないか」と思い，合同事務所を探すことにしました。ただ，同じ支部の役員の先生を訪ねたところ，「空きがない」とのことでした。その後，早朝に散策をしていてたまたま合同事務所の看板を発見し，電話してみると，「一つ席が空いている」とのことで，急遽見学に行き，契約に至りました。

　偶然に出合ったこの事務所は，自宅から徒歩圏内にあり，家族からも「お父さんが地元で頑張ってくれている」と喜ばれました。オンとオフの切り替えも柔軟にできる絶好のロケーションであり，開業への準備が整い

ました。

兼業開始

　いよいよ開業登録を進めようと，勤務先に兼業での開業を相談しました。これまでに本格的な個人事業主の立場での事業との兼業許可の実績はないとのことでしたが，人事担当の課長に具体的な兼業リスクの評価シートを作成して提案したところ，判断の基礎資料として考慮していただくことができました。

　また，信頼できる社労士事務所であることを勤務先に客観的に示すために，しっかりとした経営理念，経営ビジョンを考え，それを記載した事務所のパンフレットを自作して提出しました。

◇経営理念
「一人を大切に，地域に社会に勇気と希望を！」
◇経営ビジョン
「生き生きとした社員の皆様の笑顔のために，経営者の皆様のよきパートナーに！」

　そして，「副業・兼業の促進に関するガイドライン」が策定されたことを追い風に，勤務先にも理解をいただき，正式に個人事業主としての兼業許可を得て2020年10月1日に開業することができました。

　さっそく，旧交を温めてきた200人近くの先輩や友人に封書で開業挨拶状を送りました。すると，たくさんのお祝いの言葉をいただきました。

　開業から半年間は兼業でプレ営業を中心に行い，その後は退職して専業となる計画でした。そこで，まずは自信をもって取り組める分野で競争力のある強みを作ろうと，「相談顧問」「テレワーク」「高年齢者雇用」を柱とすることとしました（詳しくは30頁）。

テレワーク専門相談員／コンサルタントに就任

開業当時，勤務先ですでに在宅勤務が本格導入されていました。テレワーク勤務制度導入の推進役としての経験を強みとして活動しようと動いたところ，厚生労働省の事業であるテレワーク専門相談員／コンサルタントに社労士の先輩が私を推薦してくれ，就任することができました。この就任により，多くの中小企業に対するテレワーク制度のコンサルティング経験を積むことができました。中小企業の抱える経営課題を知ることもでき，この経験が現在の幅広い労務管理の相談にも活きています。

完全独立

兼業での開業から6カ月後，2021年4月1日に完全独立しました。

安定した収入の道を複数確保するために，パートタイムの有期雇用契約ですが，厚生労働省の事業でハラスメント相談の業務にも就きました。この事業で週1日のハラスメント相談の業務を2年間経験できたことで，ハラスメント相談に強い専門家としてのスキルも獲得することができました。

また，前述の3つの柱についてもテコ入れしていきました。

① 相談顧問

「60代で人生を拓いた中小企業の経営者の心のわかる社労士」として，就業規則の策定などをしてきました。2022年5月1日には特定社労士の付記を受けましたが，紛争解決手続代理業務を必要とするようなトラブルを未然に防止できるように，経営者の良き相談顧問となるよう心がけています。

② テレワーク

前述の厚生労働省の事業であるテレワーク専門相談員／コンサルタントとして相談に対応するだけでなく，最近では自主セミナーや東京都のテレ

ワークセミナーなどで講演活動を行っています。

　特に中小企業ではIT担当者が不在であることが多く，「どのようにセキュリティリスクに対応すべきか」といったテーマが人気で，100名近くの参加登録があったりします。

③　高年齢者雇用

　私自身，高年齢者雇用安定法の改正とともに歩んできました。

　現在，独立行政法人高齢・障害・求職者雇用支援機構に専門家登録し，70歳雇用推進プランナーとして，年間100社程度ご訪問して経営者や人事労務担当者とシニア世代に向かって活き活きと働き続けられる人事制度のアドバイスを行っています。20人から30人規模の事業所のご訪問では，直接社長とひざ詰めで真剣勝負の意見交換ができ，経営者の熱い思いを間近で学んでいます。

　そして，100年キャリアアドバイザー®として，人生100年時代の働き方を多くの方とともに考えるセミナー講師の活動も開始しました。

これから

人とのつながりを大事に

　開業してすぐ，地元の社労士会組織である新宿支部の支部長に挨拶に行きました。「ぜひ支部役員として委員会に所属して活動をしてほしい」と仰っていただき，支部の「事業委員会」で東京労働局の臨時労働保険指導員としての年度更新の窓口を担当したり，「社会貢献委員会」の学校教育活動で中学生に「労働と年金」の授業を行ったり，貴重な経験をさせていただきました。また，東京都社労士会の「デジタル・IT化推進特別委員会」や，「高等学校（中略）授業実施に係る講師」としての活動にも挑戦

しています。

　開業３年目には，支部の「メンター制度」に申し込みました。半年間のメンタリングを通じ，開業社労士としての実力をつけることが目的の制度です。さっそく「手続業務なしに３号業務なし！」「圧倒的に人と会う開拓が足りない！」など，メンターの先生から厳しくも暖かいエールをいただき，メンターの先生を事業主と見立ててスポット契約のロールプレイングをしたりして，経営者と対峙する「心」を学びました。

　実務経験も少なく，コロナ禍で社労士の諸先輩との人脈も限られていたなかで格闘してきた私にとって，このように直球でアドバイスを下さる先輩ができたことは，心強い柱となりました。

　これからも，人とのつながりを大切に，長い社労士人生を歩んでいきたいと思っています。

Message

　多くの受験生の皆さんと同じく，私も合格までは壁の向こうに何があるのかまったくわかりませんでした。

　５回におよぶ国家試験受験の日を，これ以上できないというところまで自分自身を追い込んで迎えることができたのには，時に暖かく励ましのメッセージを贈ってくださった，励まし系シンガーソングライター "yayA" さんとの出会いもありました。とある案内を目にして代官山のライブハウスに足を運び，偶然耳にしたオリジナル曲「TOBIRA」の「(♪) 目の前にあるのは壁じゃない　TOBIRAなんだよ」(励まし系シンガーソングライター "yayA"のオリジナル曲「TOBIRA」 3 rd Album『Song Letter』収録曲) という一節にとても励まされたのです。音楽には人と人をつなぎ，生きる歓びや勇気の共鳴をもたらし鼓舞する力があると感じています。

　私からも，社労士試験に挑戦されるすべての皆さまに，「そこにある壁は壁じゃない。扉なんだ」とエールを贈らせていただきます！

　そして，私自身も挑戦を続けていきたいと思います。

専業主婦→福祉系NPOスタッフから障害年金専門社労士へ

小川早苗（おがわ・さなえ）

▶受験開始／合格／開業登録：2017年（46歳）／2019年（48歳）／2020年（49歳）
▶予備校等：1回目 ユーキャン（通信）／2回目 資格の大原（通信）／3回目 資格の大原（通信）
▶開業資金：約100万円（借入なし）
▶支出内容：40頁参照

PROFILE

1971年神奈川県生まれ。東北大学大学院を修了後，公務員として衛生研究所で検査業務に従事。結婚に伴う転居のため退職し，専業主婦となる。

2006年より高齢者・障害者の在宅支援を行うNPO法人に入職。訪問ヘルパーからスタートし，サービス提供責任者，給与計算，経理，介護報酬請求，助成金及び補助金の申請，ホームページ管理などを担当。在職中に社労士試験に合格。

2020年群馬県高崎市に障害年金専門の社労士事務所を開業。

事務所ホームページ：https://ogawas-sr.com/

契約件数の推移

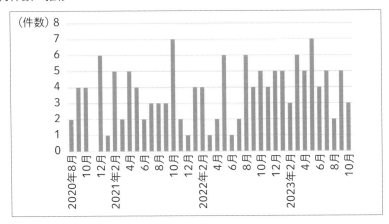

社労士を志したきっかけ

福祉系NPO法人で事務仕事をこなす日々

　結婚に伴う転居で地方公務員を辞めた後，しばらくは出産・育児を優先させた生活をしていましたが，子どもの小学校入学を機に少しずつ仕事をすることにしました。福祉系NPO法人で1日2〜3軒の訪問ヘルパーです。当時は，社労士のことはあまり知りませんでした。

　ヘルパーとして働き始めて4年目の時，事務員が急に退職したため，引き継ぎをほとんど受けられないまま，事務全般を担当することになりました。勤務形態もフルタイムに変更となりました。

　給与計算や経理，補助金や助成金の申請など，事務仕事はすべてが未経験で分からないことだらけ。自分で一つずつ調べながらの業務で，「これで合っているのだろうか？」と常にドキドキ，モヤモヤしていました。

夫に続いて社労士試験の勉強をスタート

　そんなある日，夫が急に，社労士試験の勉強をすると言い出しました。この夫の思いつきが私の運命を変えました。

　ユーキャンから自宅に送られてきた教材一式を見せてもらうと，私が日頃から知りたいと思っていた内容が系統立ててまとめられていました。このときに初めて「社労士試験って，私が今やっている仕事に役立ちそう！」と知ったのです。

　そこで，夫の邪魔をしない約束でテキストを借りて読ませてもらうことにしました。途中で肝心の夫は勉強に飽きてしまったため，教材は晴れて（？）私の物となり，知識欲を満たすための読書感覚でどんどん読み進めました。

　そのうちに，「せっかくなら資格も取りたい」と思うようになりました。ただ，簡単に合格できる試験ではないと聞いていたので，まずは腕試しに1回受けてみることにしました。

　すると，ビギナーズラックで，選択式は基準クリア，択一式もあと2点あればクリアという結果でした。気をよくした私は，「これなら，1年間真剣に取り組めば合格できるかも！？」と勘違いをしてしまったのです。

合格するまで

3回目で合格

　これまでにも，仕事をしながら勉強して幾つかの資格を取得してきました。それらに比べると社労士試験は覚える量が格段に多いです。社労士試験の合格には，効率よく＆スキマ時間の活用が不可欠だと考えました。

　本気で取り組むことにした2年目は，資格の大原「社労士24」を使用しました。1回目の試験の直前期にたまたま見た資格の大原のYouTube「社労士24プラスで10点アップ」という動画が秀逸で，このテンポで24時間に凝縮された教材での勉強法に魅力を感じたからです。

　「これだけやれば当然受かるはず」と思えるくらい勉強しました。しかし，2回目の挑戦も，選択式で基準点に1点届かない科目があり不合格でした。試験勉強を続けるかどうかかなり悩みましたが，「もう1回だけ挑戦して，それでダメだったらキッパリ諦めよう」と決めました。

　3年目も浮気せず，「社労士24」で勉強しました。さらに，ＴＡＣ出版『みんなが欲しかった！社労士 合格のツボ』と資格の大原「トレ問アプリ」もプラスしました。「合格のツボ」の分厚さには躊躇しましたが，2回目と同じ勉強量では足りないと思ったので，後悔しないように導入を決めました。

　それぞれの問題集に，「余裕で解ける＝○」「合っていたが怪しい＝△」「間違えた＝×」とマークをつけ，○が並ぶようにひたすら繰り返しました。

　「トレ問アプリ」は，間違えやすい問題を抜き出して解いたり，出題順で答えを覚えてしまうところをシャッフルして出題したりするのに大活躍でした。スキマ時間にすぐに取り組めるのも助かりました。

　苦手な一般常識2科目は，この年も最後まで苦戦しました。「ざっくりとした傾向だけ覚えておけばよい」と言われても，範囲が広すぎてなかなか覚えられません。「こんな調子で合格できるのだろうか」ととても不安でした。

　そして迎えた3回目，何とかギリギリで合格できました。

＜使用した教材まとめ＞

・メイン教材：資格の大原「社労士24」（動画，テキスト，問題集のセット）

・資格の大原「トレ問アプリ」（上記の問題集のアプリ版）（3年目に使用）

・TAC出版『みんなが欲しかった！社労士 合格のツボ』（問題集）（3年目に使用）

・TAC出版『みんなが欲しかった！社労士全科目横断総まとめ』（持ち運び用として愛用。書店で社労士試験関連の本を物色していたときに，かわいいネコのイラストに一目ぼれして購入。この中に書き込みをしたり付箋を貼ったりして情報を集約し，どこにでも持ち歩いていました）

勉強時間について

　昔から朝型タイプです。毎朝4:30〜5:30，家族が起きてくる前の静かな時間にリビングでコーヒーを飲みながら勉強しました。

　仕事日は，昼休みに車通勤の自車の中でお弁当を食べながら30分くらい勉強しました（その後10分ほど車内で仮眠し，午後からのエネルギーを蓄えました）。帰宅後は疲れていて効率が悪いためほとんど勉強せず，家事を片付けたら早めに就寝していました。

　休日は，いつものように朝勉強と，予定がなければ午前中に2時間＋午後に3時間ほど勉強しました。

　子どもはすでに高校生〜大学生で手がかからない頃だったので，その点は助かりました。

　ちなみに，総学習時間を聞かれることがありますが，よくわかりません。一時期，どれくらい勉強しているかを見える化したくなり，勉強記録アプリで記録をつけたこともありましたが，記録に費やす時間がもったいなく感じてやめました。

スキマ時間の活用について

　まとまった勉強時間がとれないときでも，以下のようにスキマ時間を徹底的に活用して勉強に充てました。

・台所にいる間，社労士24の動画を流す。
・入浴中に，社労士24を真似して，覚えていることをブツブツと唱える。忘れている箇所に気づいたら，入浴後に再確認。
・ヘアドライや歯磨きの間，社労士24の動画を流す。
・待ち合わせの時やレジで並んでいる間に「トレ問アプリ」に取り組む。

合格後

障害年金に取り組みたいという気持ちが膨らむ

　家の事情で，14年間勤務していたNPO法人を2020年3月末に退職することが決まっていました。転職先には，今までのような事務職か，ケアマネ資格を活かすか，介護福祉士として現場に戻るか等を考えていました。

2019年11月に社労士試験に合格したので社労士としての転職も候補の一つになりましたが，開業は少しも考えていませんでした。

そんななか，障害年金を専門とする社労士の存在を初めて知りました。

最初は「障害のある方から報酬をもらうなんてひどい！」と否定的に感じました。

しかし，何となく惹かれるものがありました。調べてみると，本来なら障害年金が支給されて良いはずなのにさまざまな理由で受給できていない方がいること，そういった方を社労士が支援して受給につなげていることがわかってきました。

運が良いことに，退職直前の2020年2月に新人社労士向け障害年金セミナーを受講することができました。具体的な業務内容に初めて触れ，「これはかなり責任重大な仕事だ。軽い気持ちで取り組める内容ではないな」と強い衝撃を受けました。

ただ，知れば知るほど「困っている方がいるのならば支援したい」「障害年金に取り組んでみたい」という思いが膨らんできて，再就職活動に身が入りません。

「苦労して取得した社労士資格なので，せっかくなら社会に還元したい。社労士なら給与計算などの業務もあるけれど，福祉系に長くいた経験は，障害年金の分野でこそ役に立つのではないか」「でも，未経験でいきなり障害年金をやるのは無責任かな」…悶々と悩みました。

一人での開業を考えた理由

障害年金の仕事をするには，まずは年金事務所や他の社労士事務所で経験を積む方が良いのかもしれません。

しかし，私のなかには「せっかく再スタートを切るなら，自分が納得できるまで取り組めるような環境で仕事をしたい」という気持ちがありました。組織に所属するとどうしても効率を求められ，不完全燃焼な気持ちを

抱えることもあります。できればそれは避けたいと思っていました。

　仮に65歳まで働くのならば，あと16年あります。「たとえ効率が悪くても，自分のペースで，自分が納得するまで思う存分に仕事をするには，一人で開業したほうが良いのではないか」と考えるようになりました。

3年頑張ってみようと決意

　とりあえず，開業した場合の収支の見通しを計算してみました。

　障害年金の平均的な業務の流れは，「ご契約→2カ月後に年金請求→3カ月後に支給決定→1カ月後に年金支給→報酬入金」となるので，報酬をいただくのは約6カ月後になります。

　「開業後，最初の6カ月間（半期）は契約件数ゼロ〜月2件，次の半期は月3件，その次の半期で月4件のご契約をいただく」と仮定して見積ると，最初は赤字ですが，徐々に収支が改善していき，もしそのまま月4件のペースでご契約をいただければ，3年目あたりで何とか赤字分を挽回できるだろうと試算しました。

　仮定どおりにご契約をいただける根拠は何もありません。

　不安もありましたが，色々と思い悩んで最終的に出した結論は，「一人事務所を開業し，3年間真剣に障害年金に取り組んでみて，それでダメだったらこの道は諦めよう」でした。

開業準備

　まずは，手続き面を先に済ませることにしました。

　車で片道30分の距離に，住所とポスト，単発で会議室を借りられるコワーキングスペースを見つけて契約しました。固定電話のほうが信頼性は高いだろうと考え，専用の電話回線を1本契約しました。事務所名は深く考えず，「フルネーム＋社会保険労務士事務所」としました。

　2020年6月1日，社労士会に開業登録し，税務署に開業届と青色申告承認申請書を提出しました。

　パソコンは，自宅で使用していたものをそのまま流用するつもりでいましたが，すぐに性能不足を実感し，新しいパソコンを購入しました。

　ここまで準備が整えば，あとは実務に向けて猛勉強です。

　障害年金に関する書籍をどっさりと買い込み，掲載されている事例のご依頼を受けたらどのように進めていくかを自分なりにシミュレーションするなどして，イメージトレーニングを重ねました。

＜主にかかった費用（開業年分）＞

社労士会関連（登録諸費用，入会金，年会費，賠償責任保険）	300,000円
広告宣伝（Google広告・名刺）	160,000円
障害年金関連（研修受講，書籍購入，関係団体の入会金・年会費）	120,000円
ノートパソコン	120,000円
ホームページ関連（サーバー，WordPressテーマ，顔写真撮影）	50,000円
コワーキングスペース（レンタル料）	30,000円
通信費・電話FAX機購入	20,000円

営業について

　訪問ヘルパーをしていたと言うと，明るく元気な「陽キャ」のイメージを想像するかもしれません。実際には，私は話をすることに苦手意識があり，ヘルパー時代もご利用者様との会話を盛り上げるようなことが苦手でした。介護事業所のサービス提供責任者として，ケアマネ事業所に向けて営業をしたこともありますが，チラシをそっとお渡しすることで精いっぱいでした。

　こんな性格なので，開業したとはいえ，私には飛び込み営業はとても無理な話でした（市内の就労移行支援事業所をリストアップして，自分で作成したチラシを配って回ろうと挑戦したこともありますが，5カ所回ったところで

精神状態が限界に達し，中断しました）。

　飛び込み営業をしない代わりに，ホームページに力を入れることにしました。

　開業当初は，資金はないけれど時間はたっぷりあったので，ホームページはWordPressで自作しました。作り方をネットで調べながら，1カ月くらいかけて完成させました。

　未経験での開業なので，実績の豊富さをアピールすることはできません。そこで，「相談のしやすさ」をセールスポイントにしました。福祉系の経歴を強調し，優しく微笑む顔写真を思い切って掲載しました。

　素人が作成したホームページではSEO対策が不十分なため，当初はGoogle広告を利用しました。1日1,000円を上限として設定し，「障害年金，相談，社労士，女性…」などの思いつくキーワードを登録しました（Google広告は，10カ月ほど利用しました）。

　ホームページを公開してから1カ月後，お客様から初めてのお問い合わせをいただいたときは，嬉しさと同時に身の引き締まる思いがしました。

　その後，少しずつお問い合わせが増えていきました。一つ一つのご相談に真剣に向き合い，心を込めて答えるようにしました。もちろん，契約につながらないお問い合わせもたくさんありますが，「なるほど，お客様はこういう点がわからなくて困っているのね」などと，多くの気づきをいただいています。

　支援をしたお客様や相談員さんからの紹介によるご依頼も少しずつ増えてきていますが，積極的な営業活動をしていないこともあり，現在もホームページ経由のご依頼が9割以上です。

　ホームページで何とか集客できているのは，同一県内では女性の障害年金専門の社労士がそれほど多くないという地域性が大きく影響していると思われます（お客様アンケートで，弊所を選んだ理由に「女性だから」という

声が多くあります）。

思い切って事務所を借りる

　開業してから２年後，自宅から車で５分の距離にあるアパートの１室を事務所として借りることにしました。片道30分かけてコワーキングスペースに郵便物を取りに行くだけの時間が無駄に感じたことと，カジュアル過ぎる雰囲気や階段しかない２階であることも気になっていたからです。

　固定費が跳ね上がることになりましたが，自宅から近いと何かと便利で，思い切って借りて良かったと思っています。

　とはいえ，障害年金の業務はスポット契約です。定期収入がなく契約件数には波があるので，お問い合わせが少なくなると「このまま依頼が途絶えたらどうしよう」と不安になり，仕事が重なると今度は「ちゃんと全部に対応できるかしら」と不安になることを繰り返しています。

　今のところは，「人を雇うなど事業を拡大せずに一人事務所を貫けば何とかなるだろう」と考えています。

事務所の応接スペース

これから

支給決定が何より嬉しい瞬間

　障害年金は，初診日が昔すぎて証明が難しかったり通院歴が複雑だったりなど，お客様によって困難ポイントがさまざまです。聞いたことがない傷病名のこともあり，未だにお問い合わせをいただくたびにドキドキします。

　社労士の先輩からは，ありがたいことに「困ったことがあったら聞いてね」と声をかけていただいているものの，引っ込み思案な性格が災いしてうまく相談できないこともしばしばです。一人でご相談内容を受け止め，請求方針をあれこれと考え，見落としはないだろうかと気を配りながら業務を進めていくのは，精神的に苦しくなるときもあります。

　だからこそ，困難を乗り越えて無事に支給決定となり，お客様から喜びの声をお聞きするときが，私にとってこの上なく嬉しくホッと安心する瞬間です。

よりお客様に貢献するために，さらに学びを深めていきたい

　自分が経験する事例には限りがあるため，障害年金に関連する勉強会や支援団体に所属し，セミナーを積極的に受講するようにしています。そこで知り合った仲間と情報交換をしたり，講師陣から具体的なアドバイスをいただいたりすることで，より良いサービスの提供につながり，私自身の心も安定するという相乗効果を得られています。

　また，障害年金専門といっても，障害年金だけを知っていれば良いわけではありません。

　老齢年金や遺族年金，傷病手当金，各種の医療費助成，雇用保険の基本

手当，労災，生活保護，障害福祉や介護保険の各種サービス，障害者手帳や療育手帳，親なき後のことなど，障害年金に関連する内容はたくさんあります。

　さまざまな制度に関する質問にお答えしたり，使えそうなサービスをご紹介したりする場面も多くあります。

　障害年金についてはもちろんのこと，関連する各種制度についても幅広く対応できるよう，学びを続けています。

Message

　試験勉強中は，誰に強制されたわけでもなく自分で挑戦を決めたにもかかわらず，「そもそも，なんで好き好んでこんなに辛いことをやっているのだろう」との疑問が生じ，負のスパイラルに陥りそうになったこともありました。

　さらに，やっと合格して開業した後も，専門性を高めるための勉強を続けています。

　書籍の購入も研修会の参加もコストがかかりますが，報酬をいただくからには，報酬に見合うだけの成果に向けて自分に投資をするのは当然のことだと思っています。

　相変わらず勉強に励む日々ですが，お客様に障害年金という安心をお届けすることができると，「障害年金専門の社労士として開業して，本当によかった！」と幸せを実感する日々でもあります。

　障害年金の業務は，社労士だからこそできるやりがいのある素晴らしい仕事です。興味を持たれた方，ぜひ一緒に頑張ってみませんか。

FILE 4

IT 企業の営業から社労士へ。
「人の役に立ちたい」その一心で

大江勝博（おおえ・かつひろ）

- ▶受験開始／合格／開業登録：2018年（54歳）／2019年（55歳）／2020年（57歳）
- ▶予備校等：フォーサイト（1回目）／クレアール（2回目）
- ▶開業資金：100万円
- ▶支出内容：登録料／保険／IT製品その他

PROFILE

社会保険労務士事務所アールイズウェル代表。特定社会保険労務士。神奈川県横浜西支部所属。

神奈川県横須賀市出身。立教大学経済学部経営学科卒。

大学卒業後，外資系コンピューターメーカーで長年に渡り営業職に就く。グローバル企業担当アカウントマネージャー，国内外のシステムインテグレーターとのアライアンス責任者，営業部長職を経験。数年間の兼業期間を経て，社会保険労務士として独立。現在は，企業向けに労務相談，就業規則作成，助成金支援，人事評価制度・賃金制度の構築，管理職研修・ハラスメント対策研修・労働契約法研修講師などの社労士業務の他，情報セキュリティガイドライン策定，営業戦略策定，ITシステム導入支援業務など，経験を活かし幅広い分野に対応。

主な資格：FP2級，情報セキュリティ管理士，年金アドバイザー2級，行政書士（未登録），総合旅行業務取扱管理者，英検準1級，外国人雇用管理主任者。

事務所ホームページ: https://www.alizwel-sr.com/

現在の仕事の割合

顧問契約：5割

スポット契約：3割

厚生労働省委託業務：2割

社労士としての売上の推移

1年目：（兼業）日本車中古車くらい

2年目：（兼業）日本車ファミリーカー新車くらい

3年目：（専業）外車ミドルクラス新車くらい

社労士を志したきっかけ

外資系コンピューターメーカーの定年50歳説

　終身雇用が当たり前の時代から，外資系コンピューターメーカーには定年50歳という噂がありました。定年が60歳であってもそこまで残れないというものです。企業の栄枯盛衰も激しく，実際，新卒で入社した企業は12年目に買収され，その4年後にさらに別の企業に買収されています。買収の都度（買収がなくても業績に陰りがみえると），早期退職募集や退職勧奨が発動され，多くの同僚が会社を去るのを目にしてきました。

　幸いなことに，私は2回の合併後も営業の一線で仕事できていたものの，「いつ順番が回ってきてもおかしくない」という覚悟がありました。また，50歳になるまでは，元上司や先輩，ヘッドハンターから転職のオファーがあり，その気になればどこでも転職できると自己を過大に評価することもありました。それが，50歳になるとオファーも少なくなり，「何かあったときの準備をしなくては」と考えるようになりました。

　50歳になったのは，ちょうど2020年のオリンピック開催が東京に決まって盛り上がっている頃です。海外からの観光客が増えることで需要がありそうだとの安直な考えから当初は通訳案内士に興味を持ち，この資格の免除科目である旅行業務取扱管理者の勉強を始めました。ただこの時は旅行業務取扱管理者試験には合格したものの，肝心な語学のハードルが想定していたよりも高く，結局通訳案内士は断念しました。

派遣社員を部下に持った経験から，社労士を志す

社労士という資格を志す直接的なきっかけは，派遣契約社員を部下に持つようになったことです。それまでは，管理職の立場でも，労務管理が重要だという認識は特にありませんでした。メンバー各自の目標設定やキャリアプランについて，1 on 1 ミーティングを通じて実施していましたが，部下が正社員メインだったため，労働関連の法律を意識せずに来ました。

知らないということは恐ろしいもので，初めて部下に派遣契約社員を持った際に，派遣契約社員は，契約の範囲の仕事のみという制限があるということを十分に理解せぬまま，本人の意向に沿って希望する仕事を任せようとしたところ，労働契約法や派遣契約法に抵触する行為であるとの指摘を受けました。結果として人事部門や派遣会社，そして本人に対しても迷惑をかけてしまいました。

その時の反省から，「一から労働関連の法律の知識を習得しよう」と考えました。そして，「せっかく勉強するのであれば専門家である社労士の資格をとってみよう」と思ったのです。

資格までとろうと欲張ったのは，前述のように将来への不安が強かったからです。調べるほど，「社労士」に強い魅力を感じました。独立開業可能な資格であり，これまでの企業人としての経験が活かせそうに思えたのです。

合格するまで

これまでの勉強習慣を続け，週20時間は勉強

これまでもTOEIC，英検準 1 級，旅行業務取扱管理者試験などの勉強をしてきていましたので，勉強には抵抗がありませんでした。

　2018年より通信講座専門会社であるフォーサイトの講座を受講しました。基本的には通信講座の教材が届くタイミングに合わせ，学習を進めていきました。

　平日は朝食前と通勤の隙間時間を活用して1日2時間，土日は1日8時間，最低週20時間を確保するようにしていました。計算上は月80時間以上，10カ月で800時間以上となる見込みでした。スマホで講義動画をみることができ，通勤時間や，客先訪問への移動時間が活用できたのが良かったです。さらに，フォーサイトはテキストが薄く，常に持ち歩いて電車などで読めたのも助かりました。

　ただ，最初の労働基準法はもともと興味のある法律で順調に進められましたが，労働安全衛生法，労働保険徴収法は心が折れそうになりました。馴染みのない用語が頭に入らず，更にその後の保険科目も加入期間や年齢，支給金額などの数字を覚えなければならないのは苦痛でした。

　そのようなときは，「満点を取る必要はない，7割で合格する」「理解できなくてもいいから最後までDVDとテキストは見てみよう」と自分に言い聞かせて「続けること」を最優先に進めました。

　とりあえず何とか全科目のDVDとテキストを2巡し，その後は過去問を解いてはテキストで確認することをくり返し行いました。サブノートは作らず，補足や重要と思われるポイントはテキストに鉛筆で書き込みました。

1年目は選択試験（労働一般のみ）で1点足りず…

　7月上旬に初めて模試を受けたときは，非常に出来が悪かったです。「残り2カ月弱ではとても合格圏内には入れない」と不安になりましたが，「7割でいいんだ」と自分に言い聞かせ，基本的な問題に絞って過去問を見直しました。

　フォーサイトから終盤に送られてきた要点をまとめたテキストで，混乱

していた保険科目などの数字を横断的に整理し，試験当日にも持っていき
ました。

　おかげで，択一試験はぎりぎり合格点を１点上回りました。ただし，選
択試験で労働一般のみ１点足りず不合格となりました。見直しをしている
中で書き直した２問が不正解で，そのうちの１問が労一だったので，悔し
い気持ちでいっぱいでした。

2年目も選択（社一）で失敗。救済で何とか合格！

　不合格がわかってから２，３日は腑抜け状態でした。ただ，「ここで諦
めるという選択肢はないし，せっかく１年近く勉強して定着した知識が薄
れることはもったいない」と思い直し，情報収集をしたところ，クレアー
ルに上級者コースという択一試験のスコアアップのための通信の答練コー
スがあることを知りました。価格も格安だったことから，基本テキストは
前年度のフォーサイトの教材を使いつつ，問題演習についてはクレアール
を使うことにしました。

　涙を呑んだ労働一般については，労働白書や統計資料の抜粋テキストを
くり返し読みました。

　１年目よりも，問題を解く時間が短くなっていたせいか，過去問を10回
以上繰り返すことができ，結果，模擬試験も９割近い成績がとれました。

　本試験では，択一試験は昨年よりは５点上回ったものの，凡ミスが多々
ありました。また選択試験は労一で５点とれたものの，社一が２点でした。
最終的には社一に救済が入り，合格できましたが，社労士試験の怖さを思
い知らされました。昨年とは逆に模擬試験の好成績でどこか油断していた
ものと思います。

勉強法まとめ

・スマホ活用で通勤や移動時間を効率よく勉強に充てた。

・教材は通信講座のテキストに絞り，補足事項をテキストに書き込みマスター化した。

・主要科目の学習は重要だが，選択試験で足元をすくわれないように社一・労一の学習も重要。

・知識の定着には問題演習が有効。

・試験直前は，試験当日に持参するテキストを予め決めておき，最後に見ておきたいポイントを整理。

試験での注意点

・余程の自信がない限り，回答は書き直さないほうが良い。

・択一試験は時間と体力との闘い。後半は集中力が途切れがちになるので前半でスピードアップすることを意識。わからない問題は考えてもわからないので印をつけて進むこと。時間の余裕が最終盤で心の余裕を生む。

合格を支えてくれたもの──子どもに負けられない！

　2年間（実質20カ月）で少なくとも1,500～1,600時間くらい勉強しました。勉強時間の中心は土日の8～10時と14～20時の時間帯と平日の早朝5時30分～7時でしたが，通勤時間や客先への移動時間も充てました。

　特に何かを無理して我慢するようなことはなく，土日の昼前後はスポーツクラブでヨガや筋トレのレッスンを受け，会社業務も通常通り，接待なども必要に応じて対応していました。犠牲は少なかったように思います。あるとすればプライベートの飲み会とゴルフは差し支えない範囲で控え，さすがに試験前の1週間は夏季休暇を取得し家に籠りました。

　合格を支えてくれたのは，「これだけ時間をかけるのであれば結果を残さなければもったいない」という気持ちです。

　さらに，親としての「面目」もありました。

　資格勉強を開始する前，子どもが中学受験をして，第一志望の学校に合

格していました。途中成績が上がらず苦しむなかで，最後まで頑張って合格した姿はわが子ながら立派でした。「子どもに負けられない」という気持ちがありました。

　1年目の試験に不合格となったときは，子どもには「もともと2年計画で今年は練習だった」などと言い，2年目も社一が基準点に達していなかったので，うわべは平静を装いつつ「まぁ，できたよ」などと言っていましたが…。合格できた時は子どもに言い訳せずに済み，ホッとしました。

合格後

プロゼミに参加

　クレアールの通信講座を受講していたことから，合格後にプロゼミの案内がありました。「有名な北村庄吾先生に会ってみたい」という好奇心でオリエンテーションに参加しましたが，事務指定講習までの期間を有益な期間にしたいと考え，受講しました。この決断と投資が，今につながっていることは間違いありません。

　講師の方々はこの業界の有名人ばかりで，約3カ月に集約された期間でよくここまでスケジュールを押さえることができたものだと感心しました。講義だけでなく，課題の提出やプレゼンの練習，ロールプレイングなどの実践的な内容もありました。決して安い金額ではありませんでしたが，十分なおつりがくるほどの価値があったと思います。

　受講生は約30名で男女比は2：1，年齢も20代から60代半ばというバラエティに富んだメンバーでした。卒業後も情報を取り合い，それぞれが頑張っている姿がよい刺激になっています。親しい数名とは，今も定期的に飲み会やゴルフをする仲です。

会社に許可を得るなど副業開始準備

プロゼミ受講後，事務指定講習を修了し，社労士登録が可能となったタイミングで，改めて今後の身の振り方を考えました。

収入面での不安に加え，2年前に新設の部署に異動し，新規で外資系コンサルティング会社との協業を立ち上げるという仕事を任されていたので，引き続きサラリーマンを続けることにしました。

会社の副業規程を確認したところ，「会社業務に影響しないこと」「競業とならないこと」を条件に誓約書を交わした上で申請し，役員・社長の承認を得ればOKとわかったので，規定のプロセスを経て，副業許可を得ました。

そして，社労士登録と並行して個人事業の開業届，銀行口座開設，損害賠償保険の加入，ホームページ作成などを行い，社労士業務を受けられるように準備しました。開業登録から副業開始までは先行して開業したプロゼミ仲間のアドバイスなどもあり，比較的スムーズに行うことができました。

副業としてやったこと

最初の仕事は，副業開始から1カ月経たないくらいに得た執筆案件です。プロゼミを主催している会社から，会社経営者向けの法務・労務・税務全般の書籍についての共同執筆の募集があり，応募してテスト原稿を提出し，採用となりました。

さらに，所属支部の支部会に参加したところ，全国社労士連合会が厚生労働省から委託された働き方改革推進支援業務の相談員募集の話がたまたまありました。早速，支部長に申し込みの相談をしたところ，推薦枠に空きがあり，運よく決まりました。相談業務は，会社のフレックスタイム制度や有給休暇を使って，Zoom中心に月に3－4回程度行いました。

　対応したお客様から「有料でも構わないので就業規則の見直しをして欲しい」と依頼され，就業規則の全面改訂も経験しました。当時，就業規則の新規作成について報酬は決めていたものの，更新の場合の価格を決めていなかったので，少々悩みましたが，ITシステム構築と同様に工数積み上げで算定し提示したところ，お客様の想定の範囲内だったのか無事受注できました。

　さらに，徐々に人脈が広がり，ハラスメント防止や労働契約法のセミナー講師の仕事を受けることもできました。

副業のメリットを活かし，勉強会への参加や資格取得に励む

　こうして，順調に副業を続けていたものの，子どももまだ学生でしばらく学費がかかることもあり，なかなか会社を辞める勇気はありませんでした。逆に副業をしていると，本業の給料に近い稼ぎを叩き出すことがどれほど大変かもわかりました。

　そこで，「本業のある今のうちに」と，人事研修講師育成講座とその後に続く会員制の勉強会，人事評価及び賃金制度構築講座とその後に続く卒業生による勉強会，助成金に関する勉強会などに参加し，また関連すると思われる資格（情報セキュリティ管理士，FP2級，年金アドバイザー2級，行政書士）の勉強及び資格を取得し，更に社労士の付加業務である紛争解決手続代理業務の講習受講及び資格取得など付加価値をつけることに注力しました。

　講座を受講し勉強会に参加することで，知識の習得だけでなく参加者とのつながりが広がり，情報交換と称した飲み会やゴルフコンペで更に親睦が深まりました。

退職勧奨で自然な形で独立開業することに

　副業が順調だったのに対し，本業については，コロナ禍により顧客訪問がままならず，協業のためのイベントも開催を控えせざるを得ない状況でした。そのなかで，「新規ビジネスを伸ばす」という目標の達成に苦労していました。

　世界的に景気が停滞する中で会社全体も売上・利益とも厳しい結果が続き，同じグローバルチームの各国の部員も削減されていきました。

　そして，年度が変わる前日，5年間私が責任者であった営業部が他の部に吸収され，ポストを失うことになり，同時に退職勧奨がありました。新卒で営業職入社した同期では，3年前から「最後の一人」でしたので「ついに来たか」という，同期の仲間に申し訳ないような，それでいて肩の荷が下りたような何ともいえない感覚がありました。

　退職勧奨を受け，「むしろこの日のために資格をとったともいえる。ここは悪あがきせず，会社に背中を押してもらったと考えよう」と，社労士を本業とする決意を固めました。

　仕事の引継ぎを終えて有給消化期間となった最後の1カ月は，今まで以上に積極的に相談業務を受け，見込み客やスポットでの委任業務の案件を発掘しました。さらに，所属支部で数年ぶりに開催されたリアルでの懇親会に出席して諸先輩方に挨拶し，地元の法人会に入会するなど独立開業に向けての準備を進めました。

これから

人の役に立ちたい，その一念で仕事をしていきたい

　社労士の仕事は非常に多岐に渡り，特定の業界に特化している方や，地域NO.1を目指している方，障害年金を専門としている方，講師業専門や助成金専門など得意な分野に絞っている方もいれば，王道の給与計算・申請書の作成及び提出を中心に取り組まれている方などさまざまです。

　それに対し，私は，社労士としての実務経験がないことばかりが気になり，なかなか目指すイメージが湧きませんでした。そんな時，ある方から「無理に得意分野を作らなくてもやりたいと思うことを素直に実践するだけでよいのではないか」と言われ，とても気持ちが楽になりました。

　「何をやりたいか」を考えたとき，シンプルに「人の役に立ちたい」という一念だけで素直に仕事をしていくことができれば幸せだとの思いに至りました。

　開業登録をしてから，さまざまな仕事や相談を受ける中で，自然な形で専門知識も深まってきました。現在では，一般的な労務相談だけでなく，長くコンピューターメーカーに勤務していた経験を活かして，社内IT導入のアドバイスをあわせて行ったり，情報漏洩やウイルス感染被害にあわないように情報セキュリティガイドラインの作成を行ったりしています。

　また，経営力強化のための助成金や補助金のご相談も多いことから，積極的にこれらの活用を検討されている企業向けに，社内制度の整備や就業規則の見直しと，各企業の実態に適した助成金や補助金の提案・申請までをワンストップで行っています。

　事務所を無理に大きくすることは考えず，同業や近い士業の方々と協力しながら，自分自身の工数の範囲で，コンサルティングと講師業に注力しています。

Message

　社労士試験は，勉強法を間違わず，あきらめなければ法律に馴染みのない方でも合格できる資格です。完璧を目指さず，7割を目標に肩の力を抜いて，勉強そして試験に臨んでください。

　そして，お客様のほとんどが，中小企業の事業主です。色々な経験を積んでいるからこそ経営者と対等に話せることを考えれば，中高年に向いている資格だと思います。

　定年もないので，年齢に関係なく好きなだけ働くことができるうえ，お客様からも感謝される社会貢献度の高い仕事です。

　活躍できる分野は広いので，まだまだ多くのホワイトスペースがあると思いますし，また，社労士同士も仕事を取り合うライバルというよりは，同じ志を持った仲間という意識の方が強く，どの支部の話を聞いても和気あいあいとした雰囲気です。

　是非，チャレンジいただき，切磋琢磨できる仲間となっていただく日をお待ちしております。

生涯「福祉系社労士」。
保育士×障害年金専門として

中島ふみよ (なかじま・ふみよ)

▶受験開始／合格／開業登録：2016年（54歳）／ 2019年（57歳）／ 2021年（58歳）
▶予備校等：[1回目] ユーキャン／ [2回目] ユーキャン／ [3回目] クレアール（通信）／ [4回目] ユーキャン
▶開業資金：100万円（退職金を充てた）
▶支出内容：事務所（賃貸アパート）の契約時　約30万円, 備品, パソコン, 応接セット, キャビネット等　約50万円

PROFILE

社労士事務所F'sサポート立川代表。

大学卒業後, 発達支援に関わる。結婚・出産後36歳で保育士の資格を取得, 保育士として働きながら, 社労士試験合格。現在も, 兼業しながら障害年金専門で活動。

現在の仕事の割合

社労士業務：7.5割（障害年金8割, 成年後見1割, 行政協力1割）

保育士：2.5割

売上の状況

1年目：行政協力のみ　ランチはマック

2年目：障害年金がぼちぼち　ランチは定食

3年目：流れに乗れてきた　ランチは（たまに）コース

社労士を志したきっかけ

療育, 保育など福祉関係のキャリアを積む

　私は, 自称「福祉系社労士」です。社会保険労務士として開業していま

すが，現役の保育士としても働いています。

　家族に障害者がいたため，幼少時から「体の不自由な人を助ける」という使命感がありました。大学では，当然のように社会福祉学を学び，とくに障害児教育に関心を持っていました。卒業後は，発達障害やダウン症のお子さんの療育や家族の相談にのるなど，発達支援に携わってきました。

　その後，結婚・出産を経て，現場で子どもたちを支援したいと思い，36歳で保育士の資格を取得しました。我が子たちが幼稚園に行っている間にピアノを習いに行くなど，大変でしたが良い思い出です。福祉系学科の出身だったので，保育士試験では科目の免除もありましたが，実技試験の緊張は一生忘れられません。

「親亡き後」を心配する障害児家族の助けになりたい

　障害のあるお子さんを育てるご家族の一番の心配ごとは，やはり「親亡き後」の生活です。その大きな支えとなるのが，障害年金ですが，その存在すら知らない方があまりに多いです。「年金」という響きから，高齢者だけが対象だと誤解されがちなのかもしれません。

　社労士になろうと思ったきっかけは，この障害年金について周知させようと思ったからです。当時，友人が難病を患いながら仕事をしていて，その友人に障害年金を受けてもらいたいという気持ちもありました。

合格するまで

1回目は箸にも棒にもかからず…

　2016年の2月より，勉強を開始しました。保育園でフルタイム勤務をし，土曜日も月2回出勤していたので，通学は諦め，ユーキャンの通信講座に

申し込みました。保育士試験もユーキャンだったので，馴染み深かったのもあります。

とはいえ，社労士試験は本当に大変でした。1回目は，箸にも棒にもかからない成績で惨敗しました。それまで宅建士などにも合格し，試験に落ちた経験がなかったので，ひどく落ち込みました。

2回目は娘と勉強（娘のみ一発合格）も，労一で足きりに

不合格の翌年は，新年から勉強を再開しました。当時20代の娘が同居していて，「私も挑戦してみようかな」と興味を持ってくれました。そこで，ユーキャンのテキストを渡して，「雇用保険法はね…」と先輩風を吹かせていたのですが，まさかあんな結果になるとは…。

母娘での勉強は，とても楽しかったです。安全衛生法や雇用保険法には，労基署やハローワーク，○○官やら××所長，いろいろな機関があり混乱しますが，タレントや俳優を当てはめて具体的にイメージしたりもしました。例えば，吉田鋼太郎を厚生労働大臣に，武田鉄矢をハローワークの所長に，遠藤憲一を労働局長に…。2人でキャスティングしてから，写真を入れて一覧表を作り，トイレの壁に貼りましたが，ぐんぐん頭に入りました。

「○○の申し出は何日以内？」など，お互いに突然問題を出し合うのも楽しかったです。ほかにも，一緒に模試を受けたり，ユーキャンのスクーリングに参加したり，講師の先生のサインをもらったり，勉強でありながら，楽しい時間でした。

そして，2回目の試験日。結果は…娘は私を置いて一人で一発合格しました。私も高得点でしたが，労働一般常識（＝労一）で足切りとなりました。社労士試験の恐ろしさが身に沁みました。

3回目も労一に泣く

　3回目は孤独な闘いとなりました。まずは嫌な流れを断ち切るために，クレアールに教材を変えました。教材を変え，最初は違和感がありましたが，動画がメインのカリキュラムだったので勉強はしやすく感じました。

　声に出してひたすら紙に書き，視覚と聴覚に訴える作戦で，来る日も来る日もストイックに仕事と勉強を続けました。

　しかし，やはり3年目も労一で足切りとなり，不合格となりました。言い訳に聞こえるかもしれませんが，労一は運によって完全に左右される科目です。厚労省の白書等から出題されますが，ヤマのかけようもありません。ここまで来ると，「一生受からないんじゃないか」と思いました。労一が，本当に恐ろしくてたまらなくなりました。

最後と決めた4回目で合格！

　不合格の傷を癒してくれたのは，保育園の子どもたちでした。毎日成長する子どもたちと，鬼ごっこをしたり紙芝居を読んだり，歌を歌ったりしながら，「この子たちのためにも頑張らないと」と思いました。闘病する難病の友人も，私にハッパをかけてくれました。「あと1年だけ頑張ろう」と，再度ユーキャンの通信講座に申し込みました。

　4回目は，過去問を始めとしたアウトプットに徹底的に時間を割きました。数字要件の暗記も反射的に答えられるまで練習しました。

　SNSで社労士受験生のコミュニティに参加したのも，有意義でした。私よりずいぶん年上の方や受験回数2ケタの方も多く，勇気づけられました。そして，やっと合格。押し寄せたのは喜びよりも，「やっと終わった」という脱力感でした。

＜タイムスケジュール（平日）＞

4:00　起床

4:15〜6:30　勉強

7:30　保育園に出勤，17:30まで勤務

　　　（昼休みに1時間勉強）

19:00　買い物を済ませて帰宅

21:00〜22:00　勉強

22:15　就寝

> 休日は10時間以上机に
> 向かっていました。

合格後

事務指定講習に参加

　実務経験がまったくない私は，大阪で事務指定講習を受けました。同期の友人も複数でき，今でも交流しています。大阪は，私にとってとても大切な，特別な街になりました。修了後は，保育園で正規職員として働いていたため，2021年1月に「その他登録」をしました。定年まであと2年。せっかく社労士になったのに，以前とまったく変わらない生活が続く現状に焦りもありました。

保育士の仕事をセーブして，社労士の仕事を増やす

　「社労士として仕事がしてみたい」モヤモヤする気持ちに耐えかねて，就業規則を確認の上，園長に相談してみることにしました。

　就業規則には「許可を得ず，副業を行ってはならない」と記されていましたが，「じゃあ，許可があれば開業してもいいの？」という点でした。

　園長と相談した結果，雇用形態を常勤から非常勤に変えることにし，

2021年4月より，その他登録から開業登録に変更しました。いったん退職して非常勤として再雇用という形だったので，退職金が出て，開業資金に充てられたのは良かったです。

開業登録をすると，自治体の相談会での相談員や，労働基準監督署での臨時指導員などの行政協力の情報が入ってきました。こういった募集には，積極的に手を挙げて，挑戦することにしました。

ただ，保育の仕事もしているので，自由になる平日は週1日しかありません。半休・時間休等を組み合わせながら仕事時間を捻出しました。

そんな状態が1年間続き，やはり体力的に限界を感じ始めました。子どもたちはとても可愛く，癒しの時間でもありましたが，勤務時間を平日の早朝と夕方の2時間（計4時間）に減らすことにし，日中を社労士業に充てることにしました。

障害年金の仕事

開業した当初は，行政協力メインでした。自治体の相談会の相談員や臨時労働指導員などを経験しましたが，やりたいのは障害年金の仕事です。

開業とほぼ同時にホームページも作成したものの，反応はありませんでした。

そこで，SNSで知り合った先輩社労士のアドバイスを受け，市内にある就労支援事業所等に30件ほどメッセージと名刺を郵送しました。1カ月ほどとして，「障害年金を請求したい」というメールが届きました。名刺等を送った就労支援事業所の利用者の方でした。やったことは無駄ではなかったと感激しました。

ただ，お客様との最初の面談は，本当に緊張のあまり吐き気がするほどでした。事務所に来ていただき，精一杯の笑顔で対応しました。何日も前から手順の確認や，ヒアリングシートの準備，ヒアリングのポイントの確認など必死で取り組みました。

　社労士のスキルの中で，最も大切なのは「話を聴く」ことだと思います。障害年金に取り組むのであれば，尚更です。

　障害年金の面談は特殊で，まずは「本人に障害年金を受給したい気持ちが本当にあるか？」から確認しなければなりません。

　障害年金を受けるということは，自分に障害があることを認めることです。バリバリ働いて来た方がうつ病などの精神疾患にかかった場合，障害を認めたくなくて申請を躊躇しているケースも多いです。面談に家族が同席することが多いのも特徴で，家族ばかりが一方的に話していて本人の意思が見えないこともあります。重度知的障害等の場合は仕方ないですが，できるだけ「○○さん（ご本人）はどうお考えですか？」と視線を合わせて聞いています。

　意思の確認ができ，納付要件（国民年金の保険料を納めているか。一定の基準があります）がクリアされれば，障害年金請求代行業務受任の契約を結びます。

「できないこと」を確かめなければならないヒアリングの難しさ

　障害年金の仕事が他の分野と最も異なるのは，ルーティンワークが一つとして存在しないことです。さらに，人の弱い部分に深く入っていかなければならない点も特殊です。

　障害年金を受給するためには，障害の状態が法律に定める基準に達していなければなりません。できないことが多いほど認定される可能性が高くなります。

　本人に，生活上の困りごとや，シチュエーションごとの「できるかできないか」を細かく聞かなければなりませんが，本人にとっても社労士にとっても辛い作業です。

　「できないこと探し」で相談者の自己肯定感がどんどん削られます。「私って，こんなに何もできないんですね。死んじゃったほうがいいか」と泣き

出す方もいます。発症当時の記憶でフラッシュバックが起こる方もいます。

　社労士の中には，ヒアリングが辛くて，障害年金を諦めた方も少なくないと聞きます。

　私は，ヒアリングの前に「これから日常生活のことをお聞きしますね。障害年金をもらうためには，できないことがいっぱいあったほうがいいんだ！　と気楽に考えてください」と一言添えています。

　それでも「あ，今日は無理だな」と感じたら雑談に切り替えたり，後日に変更したり，対応を考えます。信頼関係が築けなければ次のステップに進むことはできないのです。

　いつも笑顔と，やわらかい口調で話すことを心がけています。

障害年金の申請について

　障害年金は必要とされる書類が多く，時間的制限もあり手続きも大変複雑です。書類に不備があれば受け付けてももらえず，年金事務所の予約も取れません。受給に至るまでの道のりは長く，そのハードルは高く，障害を持った方が，社労士のサポートなしに飛び越えることはほぼ不可能だと思います。

　受給を決定付けるのが「医師による診断書」です。医師との関わりが深いのもこの業務に独特です。

　私は，参考資料を作成して本人に渡し，本人が医師に診断書を依頼するようにしていますが，社労士が直接病院に行って，診断書を依頼することもあります。いずれにしても大事なのは，「○○と書いてください」という要求をしないことです。医療行為への介入となってしまうからです。

　初診日がわからない，カルテが破棄されていて診断書が取れないなどにより，探偵のような仕事をすることもあります。お薬手帳，母子手帳，学校の通知表，昔つけていた日記，古い写真，LINEやメール，当時の友人，ありとあらゆる物を駆使して事実にたどり着きます。

　医療機関に問い合わせても，電話では答えてもらえないこともよくあります。私は東京在住ですが，関東地方に限らず，熱海や名古屋の病院にも行きました。脚で稼ぐ仕事だと，心底思っています。

失敗したこと／やらなくてよかったこと

①　労働保険臨時指導員の仕事は向いていなかった

　とにかく人と話をすることが大好きなので，障害年金の仕事は自分に向いていると自負しています。

　それに対し，行政協力でやらせていただいた労働保険臨時指導員の仕事はやらないほうが良かったかなと後悔しています。労働関係が苦手なうえに，年度更新の書類を持って待つ大勢の方々を前にモタモタし，怒鳴られたりもしました。

②　事務所を無計画に借りた

　障害年金の仕事による収入はあくまで成功報酬です。毎日必死で働いていても，受給に至らなければ一銭も入ってきません。たとえ受給が決定しても，収入として入金されるのは数カ月先です。企業の顧問のように定期的な収入はありません。それにもかかわらず，開業当初，まったく仕事がないのにマンションの一室を借りたのは失敗でした。結局，1年で引き払いました。

これから

福祉系社労士として

　57歳で社労士試験に合格し，4年が経ちました。61歳になりましたが，

まだまだ長く続けられる仕事です。ただ，何となく続けても意味がないので，しっかりと結果を出したいと考えています。

　私の「福祉系社労士」としての姿勢は揺らぐことはありません。障害年金を活動の柱として，一人でも多くの方に受給していただけるように努力したいと考えています。また，保育士は，発達支援の現場であり，ライフワークです。障害のある子どもたちが将来安心して生活していけるようにかかわっていきたいです。

　新たに取り組もうと考えているのが「成年後見」です。判断能力のなくなった高齢者や精神障害のある方の人権と生活を守る，意義が深い仕事ですが，まだ一般的とは言えません。私の住む自治体では，成年後見制度を推進するための組織作りを行っていて，手伝うことになりました。

　弁護士・司法書士・社会福祉士の独壇場という風にも思えましたが，年金をはじめとした社労士ならではの強みが活かせるのではと考えています。障害等級を上げることなどは，社労士だからこその視点です。

　治療と仕事を両立する方の支援にも取り組みたいと考えています。所属する社労士会支部に，この活動を行う委員会があり，参加しています。難病の方以外にも，障害のある方や介護中の方など，就労を続けることに難しさがあるすべての方を対象にしていて，いろいろな相談を受ける機会や傾聴等を学ぶ機会が多いです。

　がんや難病を抱える方の中には，障害年金が受けられることを知らない方も多いです。障害年金は，闘病中のお金の悩みを軽減して，治療に専念できる環境を与えてくれます。闘病中の就労は，社会とのつながりを保ち，自分に自信を持てるという点で非常に有意義ですが，すべての方に可能なことではありません。休職して，しっかりと治療を受けるほうが良い場合もあり，本当にケース・バイ・ケースです。どうしたら良いのかわからない時にその方が自分で道を選べるように，ヒントや情報をお伝えできるよ

うな存在になりたいと思っています。

続けている習慣

　毎朝ノートに，その日のタスクとその時の感情を書き出し，夜に振り返る時間を必ず取っています。タスクは達成できたか，達成できなかったのはなぜか，朝の感情は今どうなったか，達成できなかったタスクはどうするか。何となく過ぎていた毎日が，「キチンと過ごせている」と感じるようになり，新しい仕事も増えてきました。この習慣はずっと続けていこうと思っています。

Message

　人生は一生勉強だと思っています。新しいことにチャレンジするのに年齢なんてまったく関係ありません。

　社労士試験の受験を決めた時，合格者の最高齢を調べました。社労士試験の合格者の平均年齢は高く，4分の1以上の方が，50歳を過ぎてから合格・開業です（令和4年度も75歳の方が合格しています）。いくつになっても，同じ土俵で戦えるのは，素晴らしいことだと思います。

　仕事を持ちながらの受験勉強は大変ですが，工夫次第で楽しくすることができます。SNSを思い切り駆使して，仲間をたくさん作ると，勉強法のアイディアを共有したりすることもできます。

　合格後は，開業するのかどうか悩まれると思います。兼業からスタートすると，収入が保証されているので，焦らず丁寧に取り組めるでしょう。私のように無計画に事務所を構えることはやめてくださいね。

　皆さんが無事に合格され，夢を叶えられることをお祈りしております。一人でも多くの方が，障害年金業務に取り組んでいただけたら嬉しいです。障害年金の社労士…足りません！　手伝ってください！

FILE 6

コンビニ店長が5カ月一発合格！
店長を続けながら開業

江藤誠也 (えとう・せいや)

▶受験開始／合格／開業登録：2019年（48歳）／2019年（48歳）／2021年（50歳）
▶予備校等：フォーサイト
▶開業資金：60万円位
▶支出内容：社労士会登録費用（開業登録），事務指定講習，開業塾（プロゼミ），PC，業務ソフト，各種講習・研修会参加

PROFILE

竹のように社会保険労務士事務所代表。社会保険労務士でありながら，現役セブン-イレブン店長。コンビニをこよなく愛し，コンビニオーナーを応援する活動をしている。

現在の仕事の割合

コンビニ8割
社労士2割

会社員でコンビニ店長をしていますが，店舗の予算からシフト組みまで全般を任されており，手が空けば他の仕事をしたり，外出することが認められています。

空き時間や終業後，週末の時間を使って，電子申請で各種手続きを行ったり，給与計算，給与計算ソフトの導入支援等を行っています。役所対応が必要な場合はシフトを調整し，労基署やハローワークへ行くこともあります。

社労士としての売上推移

1年目：開業登録と同時期に，現在店長をしている店舗が新規オープンし，ほぼ休みがなかったため，友人が立ち上げた会社の社会保険手続きをした程度

2年目：コンビニのソフトドリンクとビールの棚の商品を全部買ってお釣りがくるくらい

3年目：加えてアイスクリームと冷凍食品も全部買えるくらい

社労士を志したきっかけ

ずっとレジに立てるのか？

　小さいころから人見知りで，人とかかわることがあまり好きでありませんでした。私が変わったのは，コンビニで働くようになってからです。身近な生活の場であるコンビニでレジに立ちながら，近隣の方と話したり，コミュニケーションをとったりするうちに，人とのかかわりもこの仕事も好きになりました。

　ただ，45歳を過ぎると，体力も落ちてきます。「コンビニの仕事が好きだが，ずっとレジに立つのはしんどいだろうな」と思うようになりました。

　これまで，あまり人生設計について考えたことはありませんでしたが，「コンビニ店長としての経験を活かせる，体力勝負ではない仕事はないか…」と考えるようになりました。

　そのとき，思いついたのが社労士でした。

　社会保険未加入や雇用保険未加入，残業代未払いなど，闇の部分が散見される業界です。また，少子高齢化や外国人材の日本離れが進むなか，人が集まらない問題も大きいです。社労士の資格とコンビニ店長として経験をかけ合わせることで，自分を変えてくれたコンビニ業界に寄与できるのではないか，と考えました。

困ったアルバイト店員を雇った経験

　実は，私には社労士に相談した過去がありました。お店で困ったアルバイト店員を雇ってしまったことがあり，助けを求めたのです。そのアルバイト店員は，高学歴でプライドが高く，自分は仕事ができるとの自負が非常に強い方でしたが，その実，仕事の覚えは遅く，教えたとおりに仕事を

しないで，注意をすれば自分は間違っていないとの自己主張を強く繰り返すだけでまったく改善が見られませんでした。お客様と言い合いになるトラブルも日常茶飯事で，二言目には「訴える！」が口癖です。そのような性格ですから，過去のアルバイトでも急にシフトを減らされたり，解雇されることが多かったようで，その都度裁判に訴えて大金を取ったということを武勇伝のように聞かされました。

　そのようですから，解雇しようにも方法を間違えば相手の思うつぼ，非常に難しい対応を迫られていたなか，コンビニの本部から紹介された社労士の先生に相談をすることになりました。社労士の先生とお話ししていくと，コンビニのひな型の就業規則では不十分であることを痛感させられることとなりましたが，何とか金銭を介在させることなく退職してもらうことができました。

　それまで，士業の先生というのは自分から遠い存在だという先入観を持っていましたが，「法律をもって問題を解決する社労士ってすごい」と憧れを持つと同時に，こういうやり方でコンビニに貢献できるかもしれない。そう思えた出来事でした。

合格するまで

高卒で受験資格がない！

　「社労士って私でも挑戦できるのかな」そう思って調べると，高卒だと受験資格がないことに気がつきました。それでも，絶対になりたいという気持ちが強く，受験資格を得るために行政書士試験に挑戦することにしました。

行政書士試験に3カ月で合格！

①「3カ月で合格」の広告を信じ込む

　「行政書士を受けよう！」と決意したのが，2018年8月のことでした。行政書士の試験は11月なのでわずか3カ月しかありません。行政書士の試験が3カ月の学習で合格できるのかどうか，まったくわかっていませんでしたが，通信講座のスタディング（当時は通勤講座）では3カ月で行政書士試験に合格した方のエピソードが前面に出ていて，単純に信じ込んで講座をスタートしました。

　今思えば，「なんて無謀な計画だ」と思います。3カ月で合格はできないことはないにしろ，広告を信じすぎたなと思います。ただ，その後の試験にも通じることですが，思い込んで合格している自分のイメージすることは資格試験に臨むにあたって絶対に必要なことだと私は確信しています。それに，3カ月後に合格するか，1年3カ月後に合格するかの2択だったら，絶対3カ月後に合格したいですよね。せっかちな私が1年後も勉強を続けている姿なんて想像もできませんでした。だったら3カ月で合格すればいいのだ。そう思って学習を開始しました。

②もう間に合わない…

　訳もわからず突き進めることが初学の良さの反面，学習にまったく慣れておらず，進め方がわかりません。「とにかく講義動画の視聴を進めよう」と無計画に進めていったことが災いし，10月に入っても肝心の行政法の動画は完全に手つかずになっていました。動画の中で講師が「今ぜんぶ覚えなくても大丈夫ですよ。くり返し学習するうちに少しずつ記憶に定着していきます」と励ましてくれるのですが，「くり返しっていつ来るのだろう？」と思っていました。（映画のDVDのような感覚で）同じ動画をもう一度見るとかありえない，と思っていたくらいですから，今思い返すと「どれだけ資格試験素人なんだよ」という感じです。

そんな私でも，10月も後半に入り試験まで数週間となってくると，「何かがおかしい」と気づくようになります。普通に残りの動画を視聴して時間を過ごしたら絶対に間に合わないのは明らかでした。合格をあきらめるのは簡単なことです。でも，それは絶対に嫌でした。そもそも行政書士試験は通過点であって目標ですらないのですから，今から合格に近づける方法を考えるしかありません。

③やれることは絶対に何かあるはず！

まず行ったのは，試験の配点の分析です。行政書士試験は300点満点中180点を取れば全員合格となる試験です（一般知識の科目のみ足切りラインがあります）。ですから，配点の大きいものに絞って学習していくことにしました。例えば，「商法や会社法は範囲が膨大な割には出題は少ないので，定番の1〜2問を確実に取り，論点が絞れない問題は当日の選択肢を読んでその場で考える」「行政法は出題数が多く，似た法律が多いことから，縦と横の比較で学習していく」といった具合です。そもそも行政法は動画までたどりつけていなかったので，再生速度を2倍にしたうえでわからないところのみ，停止やもう一度再生するなどして効率的に学習していきました。

続いて，自分が得意な科目を把握しました。民法は最初に誤って時間をかけて学習してしまったことから，ある程度は点数が取れるようになっていたので，いったん学習をストップし，学習できていない科目を優先するようにしました（直前に思い出すための復習はしました）。

とにかく，最後の1カ月は行政法に全振りして当日の試験に臨みました。試験の前日まではとても合格できる手ごたえはありませんでしたが，「絶対に合格する。過去なんか関係なく，当日の試験さえ点数が取れれば合格できるのだ」と自分に言い聞かせて臨んだ試験は，過去最高の手ごたえで，夜の自己採点がちょっと楽しみになりました。

しかしその期待は裏切られます。模試で過去一度も達成できなかった総

合点180点は達成していると思われた（現実には記述式問題の自己採点が甘かったため，180点には到達していなかった）ものの，模試等で一度も足切りになったことのない一般知識の点数が1問分足りていませんでした。まさかの1問での不合格。挫折を味わいました。

　ただ，立ち止まるわけにはいきません。来年の社会保険労務士試験の受験の機会は閉ざされましたが，コンビニオーナー支援のためには会計の知識は不可欠であるため，2月に試験がある日商簿記2級に挑戦することにしました。

　年が明け，2019年の1月30日，行政書士試験の合格発表がありました。不合格を確信していましたが，合格発表は見ることにしました。私の番号がそこにありました。一般知識の出題にミスがあり，一般知識に4点加点があったことで足切りラインを免れ，しかも総合点182点となり，ダブルで合格ラインをクリアしていたのです。私の2019年が大きく動き始めました。

社労士試験に5カ月で合格！

①日商簿記2級に合格してからのスタート

　社労士試験は，行政書士試験の自己採点を終えた直後から学習を始める予定でした。2018年11月に学習を始め，2019年8月の社労士試験まで約9カ月。ちょうど良い学習期間と感じていました。

　ところが，前述のように行政書士試験は自己採点では不合格の判断となり，社労士試験の学習のタイミングを逃してしまいました。さらに行政書士試験の合格を知った1月末には日商簿記2級の学習をしていたので，2月の日商簿記試験を終えてからスタートしようと考えました。

　無事，日商簿記2級に合格し，やっと落ち着いた3月にフォーサイトの社労士講座に申し込みました。通学の学校も検討はしましたが，3月に入学して8月の試験を目指すような講座は存在せず，通信教育しか選択肢が

ありませんでした。

②また間に合わない…

　通常通り，労働基準法から学習を始めますが，再び行政書士試験のとき
と同じミス，ペース配分のミスをやらかしてしまいます。労働基準法は，
コンビニの店長としてもいくらか馴染みのあるもので，学習していると理
解も興味も沸き，つい時間をかけてしまいました。3月上旬から始めた労
働基準法を終えたのは4月も中旬になっていました。慌てて労働保険系の
学習を進めるものの，5月の連休で最初の外部模試を受ける段階でまだ社
会保険がほぼ手つかずになってしまいました。その模試は当然のことなが
らE判定でした。

　急ぎ，健康保険法，厚生年金保険法，国民年金保険法といった社会保険
の講義を視聴し，6月の模試を受けるもまたもE判定となります。この段
階で2周目の講義を視聴しても間に合わないことは明らかでした。当然に
なるべくしてなったE判定ですから，それによって心が折れるということ
はありませんでしたが，試験までの時間には限りがあるので，大きな不安
には襲われました。ただ，こういう時こそ，「まだやれる事はある」の発
動です。行政書士のときと違い，2カ月ほどの時間があるのですから，
「ここからの追い込みで急激に学力は伸びる」と信じていました。

③追い込みでやったこと

　最初に行ったのは，苦手科目・分野の洗い出しです。行政書士の試験で
は得意科目を洗い出して，そこに学習時間をかけないようにするというこ
とをやりました。基本は同じですが，社労士試験では全科目に足切りがあ
るため，一つでも苦手科目を残してはいけません。自分は何が苦手なのか
を徹底的にピックアップすることが大事です。そのために模試で誤答した
問題は徹底的につぶしましたし，選択式の過去問は得意・不得意科目を洗
い出すのに私は効果的だと思っています。

　続いて，横断学習に力を入れました。厚生年金と国民年金は似たような制度が多く，労災と健康保険の給付を関連付けて覚えました。雇用保険の多様な給付はある程度覚えてしまうしかないところもあるので，大きな紙に表で書き出したりしました。

④暗記は極力避ける

　また，「暗記はなるべくやらない！」と決めました。これは私が暗記が苦手ということもあって，暗記ができないことにより精神的に追い込まれたり，暗記ばかりに時間を取られて学習が進まなくなるのを防止するためです。

　特に数字はせっかく暗記しても，日々繰り返さないとどんどん忘れてしまうため，基本的には覚えないと決めていました。高額療養費の表や雇用保険の失業給付の日数の表など，試験対策上重要な表もありますが，そのような表は，左上か左下の数字をアバウトに覚えて，どんな傾向で数字が変化していくのかを感覚的に見ていくだけで試験対策としては十分だと思います。社労士試験は5択か選択式なので，細かい数字を覚えていなくてもその傾向だけで答えられることも多いからです。

⑤直前期・試験当日

　そうやって，直前期では苦手な科目の過去問を解き，たまに記憶を思い起こすためにテキストを眺めたりしながら過ごしました。また，書店で買える模試を何種類か解いたりしましたが，ついには一度も足切りを回避できることはなく，総合点もとても合格点には達したとは感じることはありませんでした。

　社労士受験生として5カ月は非常に短いのですが，私としてはものすごく長くつらい時間に感じました。人生を変えると決めてから約1年。努力してきたという自覚はあります。「この苦しい時間をもう一度経験するなんて絶対にありえない」そう感じました。絶対合格する，そう自分に言い

聞かせて当日試験に臨みました。自分に課したことは次の3つです。

① 絶対に諦めない。
② これだと思った回答は絶対に変えない。
③ 選択式は労一から最初に解く。

諦めたらそこで終了です。珍問奇問にあたっても絶対に諦めず，いったん冷静にほかの問題を解いてから落ち着いて取り組むようにしました。そして，見直しで迷った回答を書き直して失敗することが何度もあったので，明らかに根拠を思い出す等しない限りは最初の回答は書き直さないというルールで縛ることにしました。そして，社労士試験の一番の鬼門である労一を最初に解いて，変な緊張を残さないようにしました。

実は，試験の開始早々③の労一の問題を見た瞬間，頭が真っ白になりました。「船員保険の埋葬費」から始まり，どの問題もまったくわからず…。選択肢のなかから2択までは絞れるものの，どちらに決めるかの根拠には欠けていました。一瞬，ここで終わったと思いましたが，「①絶対に諦めない」の発動です。「まだ試験ははじまったばかり，このまったくわからない労一で足切りになって不合格になっても全然悔いはない。考えてもわからないのだから，あとはほかの知識からそれっぽいほうを選んで回答するだけ。時間を使うほうがもったいない」と，淡々と回答していきました。また，②見直しで迷っても仕方がないので，マークミスだけを注意して回答を終えました。結果は…労一は5点満点を獲得！ 運だけと言われればその通りです。これが記述式の問題なら1点だって獲得できてはいないかもしれません。ですが，社労士試験は選択肢から答えていく問題なのです。法律の趣旨や他の法律との関連で考えていくと大きく違うことはないと思います。法律は試験で引っかけるために作られたものではないのですから，法律同士は何らかの関連があるものなのです。

最初の選択式労一で吹っ切れたのか，リラックスして試験に臨むことが

でき，自己採点で初めて足切りのない点数を獲得できました。合格点の引き下げ（救済と呼ばれる）があるのかないのかドキドキすることもなく，試験発表を迎えることができ一発合格することができました。

【勉強時間】

平日：2〜3時間（朝4時〜6時）＋通勤時間は講義を聞く。1問1答のアプリ。（40分くらい）

週末：最低8時間

※トータルで500時間くらいになりました。

なぜ一発合格できたか

私は商業高校の情報科の卒業です。日商簿記3級を取得したことがあるくらいで，法律を勉強したことはありませんでした。

「なぜ一発合格できたのですか」とよく聞かれるのですが，運が良かったことと，意外にも，法律に隠れた適性があったのかもしれません（若いころは知る由もありませんでしたが…）。

店長として，労基法等を調べなければならない機会はたまにあり，条文独特の不思議な言い回しを面白いと感じることがありました。

ただ，条文暗記は苦手です。そこで，とにかく「法律の設定の裏にある背景」について考えるようにしていました。事例や具体例をイメージし，根拠や理由を考えながら解くようにしていました。それゆえ，労基法等は得意科目でした。問題と選択肢を読んで，そこから考えれば回答を導けることが多いので，直前期にはあまり時間をかけずに済みました。

逆に，普段の自分の生活になじみの少ない雇用保険は苦手科目でした。雇用保険にはたくさんの給付があって，それぞれ条件があるので，ある程度暗記頼りになる科目は大変でした。

とはいえ，社労士試験は選択肢から答えを探す試験です。一から難しい

用語を書き出す必要がないので，そこまで暗記に頼らずに挑めることが大きかったと思います。

過去問を重視！

　一番やったのは過去問です。模試の結果を見ながら，不得意なところを補強しました。そして，「どうしてこの問題につまずくのか」を徹底的に考えるようにしていました。1個解決すると，芋づる式に2個3個解決することもありました。

　特に，選択式の過去問は重視しました。トリッキーな出題はさておき，選択式の過去問にはストーリーがあるので取り組みやすく感じました。択一式の問題では，選択肢一つ一つを切り取って○か×かを判断する「一問一答」という学習方法があり，それはそれで大切な学習法なのですが，選択式は与えられた文章の中に用語を当て込んでいくため，背景や理由が見えやすいのです。「択一式より選択式が得意」と言うと，不思議がられるのですが，45歳以上の受験生がこれまでの人生で培ってきた「常識」が非常に味方してくれると思います。

　法律は試験問題のために作られているわけではありません。先述のように，理由があって頭のいい人が作っています。そうであれば，かならず法律には理由や根拠があって，非常識なはずがないのです。「常識で考える」ことができるのは，武器になると思います。

合格してから

プロゼミに参加

　コンビニ店長の経験しかなかったので，合格後は事務指定講習に申し込

みました。また，他の社労士のブログを読んでいて気になった「プロゼミ」にも参加しました。

　コミュニケーションが苦手な私が，積極的にそういった集まりに参加しようと思ったのは，自分でも驚きでした。「変わりたい」「前に進みたい」という気持ちが背中を押してくれました。勇気を出して参加したことで，たくさんのいい仲間と出会えました。

　しかし，プロゼミが終了する頃，新型コロナウイルスが猛威を振るいだし，できることが限られてきました。また，2020年5月に申し込んでいた事務指定講習が2020年10月に延期になり，開業の目途が立たなくなりました。感染症のまん延が収まる気配もなく，開業へのモチベーションも下がり気味になりました。

　そんななか，プロゼミ卒業生の先輩後輩で組んでいる勉強グループでは，月1回のzoomによる勉強会を行っていて，そのような仲間との交流が，モチベーションをとどめておくのにとても役立ちました。

新店舗のオープンと同時に開業するも
社労士業はなかなかできず…

　そんななか，私がオープンを担当する新しいコンビニ店舗の話がオーナーのもとに来ました。新型コロナのまん延により，コンビニ本部としても新しく出店となる店舗数は大幅に減っていました。

　オファーを受けた店は，東京の繁華街にあり，お酒を飲む店舗が多くある街であるため，普通に考えてリスクしかない店舗に思えました。ただ，出店を決断するのは私ではなくオーナーであり，私は店長として命を受け，アルバイトの採用から店舗の立ち上げに関わりました。

　ただ，新店舗を立ち上げるのはとても体力が必要です。当面は労働時間が長時間化し，仲間との勉強会などへの参加も難しくなるのは明らかでした。そのため，このタイミングで開業を決意しなければ，完全に気持ちが

社労士から離れてしまうことが危惧されました。そこで社労士として開業登録をすることにしました。新店舗のオープンが2021年2月末，社労士としての開業登録は2021年3月1日です。事務所名を「竹のように社会保険労務士事務所」としました。私が関与する会社・店舗様が竹のようにまっすぐ成長し，それでいてしなやかに力強く経営するのをサポートしたいという思いからです。

　新店舗のオープンは，緊急事態宣言の期間中でした。アルバイトのシフトを組み，商品の発注をして，期待のもと新店舗をオープンしたわけですが，近隣のオフィスもお酒を出す店も営業しておらず，売上は今の平均の4分の1もありませんでした。とりあえず人件費を抑えることを会社から命じられ，アルバイト従業員には現状を話して大幅にシフトを減らしてもらいました。そんななか，まずは週1日の休みを確保しようと努力しましたが，アルバイトが安定せず，初めて休みを取ったのはお店がオープンしてから半年以上経ったときでした。労基法に守られる会社員では体験できないような，正直過酷な体験でしたが，この経験も，いつか社労士業に役立ってくれると信じています。

2022年秋，ついに動く

　新型コロナが収束しつつあり，経済を回していかなければと世の中の動きが変化するたび，店舗の売上は上がっていきました。そのため，ある程度人件費をかけることができるようになり，私自身がシフトに入らなくても店舗が運営できるようになってきました。

　私の誕生日は9月ですが，プロゼミで出会った先輩方からたくさん誕生日メッセージをいただきました。その返信において，「何か小さな仕事で良いのでください」と書きました。そのうち一人の先輩が声をかけて下さり，平日の終業後と土曜日を使って，仕事をすることになりました。

　右も左もわからない私に，先輩は一つ一つ指導をして下さいました。先

輩の事務所では，助成金業務などを手がけたのですが，役所とのつき合い方もわからないうえ，募集要項や公文書も読みこなせません。揃える書類を誤ってしまったり，多くの失敗をしました。

　先輩には多大な迷惑をかけてしまいましたが，粘り強く教えて頂き，感謝してもしきれません。おかげで，給与計算や就業規則，社会保険，労働保険の手続きなど，ひととおり経験することができました。

　私の人生はラッキーの連続です。ですが，そのラッキーは私に関わってくださる方の愛で成り立っています。一つ一つ感謝の心を忘れず，私なりの社労士像を作り上げられたらと考えています。

これから

営業を積極的に！

　今は兼業ですが，「いずれは社労士を本業にしたい」と考えています。まずはシフトを調整しつつ，コンビニ店長として知り合ったオーナー店長達に「お困りごと」を聞きつつ営業をかけていこうと考えています。

　また，私のコンビニ店長としてのスキルを外国人のマネージャーに伝授しており，店長を育てるスキルも必ず役に立つと思います。

　かつて私は，「自分がよく知っているコンビニの労務はあまり難しくないはず」と安易に考えていましたが，その考えが間違いであることに気づきました。これからはコンビニの現場でも複雑な相談が増える可能性があり，社労士として幅広い知識と経験がなければ，的確なアドバイスができないと身に染みてわかりました。これからも，日々勉強していかねばならないと気を引き締めています。

Message

　短時間の学習で社労士に挑戦しようとされている方へ。

　ぜひ絶対に合格するとの信念を持って学習に取り組んでください。合格した先に何をやりたいのかを明確に目標として持ちましょう。

　社労士試験は時に理不尽な出題があると言われます。ただ，全員が同じ試験を経験するのですから条件は同じです。一つでも多く正解の選択肢にマークできるよう工夫してみてください。

　私がここで書いた勉強法は社労士になるための正攻法ではないかもしれません。取ってつけた知識でラッキー合格した私より，何年間か勉強してきた受験生の方が豊富で正確な知識をお持ちだと思います。ただ，理不尽と言われる試験を突破しないと，どんなに知識があっても社労士になることはできません。士業は一生勉強を続けて，新しい知識を身につける必要があります。それでしたら，「試験対策」であっても早めに社労士試験を突破し，社労士会に登録して，諸先輩方と交流しながら教えを乞う方が自分のやりたい社労士になるための近道だと私は考えます。

　ただ，試験勉強で息が詰まるほど詰め込むことはおすすめしません。社労士の勉強のために，家族旅行を控えたり，子供と過ごす時間を減らしたり，友人とたまに飲みにいくのを断ったり，睡眠時間を無理に削ったりというのは決して長続きしないと思います（私はできないので，できる方は尊敬します！）。

　私はあるアイドルを推す，いわゆる推し活が趣味の一つです。約5カ月の学習期間にも何回か劇場に足を運んで応援をすることがとてもリフレッシュにつながったと考えています。しかも，社労士試験本番の1週間前の日曜日，最後の追い込みの時期だというのにめったに当たらない地方公演のチケットが当たったということで，夜行バスと新幹線でコンサートに足

を運んでいます。これを言うと確実に引かれるので，これまであまり語っ
てこなかったエピソードなのですが，あの地方公演をキャンセルしていれ
ば確実に後悔しながら学習に臨むことになっていましたし，むしろ不合格
になれば地方公演に足を運んだことが原因と結論づけられる可能性すらあ
りましたから，むしろ気合をいれて試験に臨むことができたのです。

　社労士は本当に素晴らしい資格です。今後，コンビニ経営には絶対にな
くてはならない存在になると確信していますし，他の業界でも同様でしょ
う。働き方改革はどんどん進められていき，人々の多様な働き方と会社が
どのように向き合っていくのか難しい選択を迫られていくでしょうから，
社労士の存在意義はますます高まると思います。
　ぜひ，この素晴らしい社労士の資格を目指してください。心よりお応援
しています。

FILE 7

子育てをしながら効率的に試験勉強。社労士の横のつながりを大切に

佐野麻衣子 (さの・まいこ)

▶受験開始／合格／開業登録：2018年（43歳）／2020年（46歳）／2021年（46歳）
▶予備校等：１回目 独学 ２回目 資格の大原 ３回目 資格の大原
▶開業資金：50万円程度
▶支出内容：開業登録費用，社労士賠償保険料，業務用パソコン，業務用スマートフォン，開業塾受講費用，書籍代，印鑑・名刺作成費用など

PROFILE

大学卒業後，複数の事業会社にて営業事務・経理・人事総務を経験。専業主婦を経て，社労士事務所に在職中の2020年社労士試験合格，2021年東京都町田市にて開業登録。2022年茨城県つくば市に移住。現在，企業の顧問業務のほか，自治体等での相談員やセミナー講師として活動する傍ら，社労士コミュニティ「開業ダッシュの会＠オンライン」の企画・運営事務局として，社労士のネットワークを全国に広げている。日々の癒しは，ペットの保護猫2匹と秋田犬，筑波山を眺めること。二児の母。

現在の仕事の割合
顧問先の手続・労務相談・給与計算等：6割
自治体等の相談員・セミナー講師：1割
コミュニティ事務局・コーチング：3割

売上の推移
1年目：パートと兼業
2年目：夫の扶養を抜ける
3年目：会社員時代の収入を上回る

社労士を志したきっかけ

不妊治療で退職，専業主婦を 6 年間経験後に前職に戻る

　30代半ばまで，出版社の総務として働いていました。個性的な人の多い職場で，さまざまな価値観に触れることのできるとても恵まれた環境でした。長く勤めたいと考えていましたが，不妊治療を優先すべく退職しました。

　運よく二児の母となり，6 年間は専業主婦をしていました。「いつかまた仕事をしたい」という気持ちは持ちつつも，なかなかきっかけがつかめずにいました。

　そんな折，前職の出版社から復帰の打診を受け，パートタイムで復職することになりました。最初はPCスキルの習得に苦労しましたが，久しぶりの総務の仕事に充実感を感じ，やりがいを持って取り組むことができました。4 年ほど勤めましたが，長時間の通勤が課題となり，ワーク・ライフ・バランスを見直すため，子どもが小学校に入学するタイミングで転職を決意しました。

自宅近くの社労士事務所に転職

　転職活動といってもはじめはぼんやりネットを眺めているくらいだったのですが，ある日偶然ハローワークのサイトで，家から車で10分もかからない場所の社労士事務所の求人を見つけました。ホームページを見てみると，どうやら女性の多い職場のようで，子育て中でも働きやすそうな印象を受けました。以前から社労士の存在は知っていましたが，資格取得は考えたことすらありませんでした。求人票では，資格の要件もなかったので，これまでの経験を活かせそうと感じ，応募することにしました。無事採用

され，パート勤務が始まりました。

社労士事務所の業務範囲に驚く

　入所後，驚いたのは業務範囲の広さでした。社長や人事労務担当者の相談相手になるだけでなく，従業員の入退社手続きから労災や傷病手当金などの代行手続きにも多くの種類があります。給与計算や各種規程の作成，ハラスメントなどの研修，業種も規模も特色も違う会社の人事総務を一度に経験しているような感覚になりました。それに加え，障害年金など個人の相談もあります。幅広く人の人生に関わることから「人の専門家」と呼ばれる理由を実感しました。徐々に，社労士の必要性や魅力を感じるようになりました。

スキルアップのため社労士試験受験を決意

　はじめは業務を覚えることで精一杯でしたが，慣れてくるにつれ，制度の仕組みや法的根拠がわからず，知識不足を痛感するようになりました。
　転機は，勤めて１年ほど経った頃です。子どもの小学校の保護者会でした。まもなく定年を迎える女性教師が，「2020年に大きな教育改革があります。これからは子どもたちだけでなく，リカレント教育，リスキリングといって社会に出た人が仕事で求められる能力やスキルを学びなおす機会が増えていきます。人生100年時代。お母さま方もまだまだこれからです。ぜひお子さんと一緒に学んで下さい。ご自分のために使う時間も大切です。私もまだまだ学び続けたいと思っています」と活き活きと話されました。女性教師の何歳になっても学び続ける姿勢に感銘を受けました。
　この出来事が，私が社労士試験への挑戦を決意する原動力となりました。悩んでいないでやってみよう，私だってまだまだこれからだ！　とスイッチが入ったのです。

合格するまで

子どもとの時間を大事にしたい！ 2年計画で合格を目指す

　子育て中のパート主婦が使える時間や予算は限られています。子どもたちは小学校低学年，一緒に過ごす時間を大切にしたいという気持ちがありました。今，試験勉強を始めてよいタイミングなのかも悩みました。それでもチャレンジしたい気持ちになったため，1日のうち勉強に充てられる時間を割りだし，その時間で合格する見込みはあるのかを検証しました。

　初年度は試験日まで5カ月だったので，1回目はお試しで受験をし，2回目での合格を目指すことにしました。

教材選び

　まずは，秋保雅男先生の『ごうかく社労士基本テキスト』（中央経済ホールディングス）を購入しました。パラパラと読むと，日ごろ社労士事務所で目にする言葉もあり，興味が持てました。しかし，勉強に慣れていない自分には独学は厳しいと考えて，資格予備校を利用することにしました。

　時間の捻出が難しいため，中々フィットする予備校がなく困っていたところ，「最近は時間のない人に向けた教材も出ているようですよ」と受講相談に行った窓口の担当者にこっそり教えてもらったのが，資格の大原の「社労士24」という通信講座でした。自社の営業を優先するのではなく，親身になって相手に合わせたアドバイスをくださったことにとても感謝しています。

　通信講座は通学に比べモチベーションの維持やスケジュール管理など心配もありましたが，効率よく勉強できそうと感じ，申込することにしました。講師の金沢博憲先生の説明はわかりやすく，面白く，記憶に残りやす

いように話してくださるのが良かったです。

　2回目での合格を目指していたものの，結果は1点足らずの不合格でした。この1点がとても悔しく，諦めきれませんでした。家族会議で「あと1回だけ」と約束し，3回目の受験は「経験者合格コース」の教材と「社労士24」を利用して目標を達成することができました。

予備校の配信スケジュールに沿って学習

　勉強方法は，誰もが口を揃えて「講義を聞いて過去問を解く，過去問は全科目繰り返し回転させる」と言うので，10科目すべてまんべんなく行えるように，エクセルシートで管理しました。毎月送られてくる教材に学習計画表が入っていたので，その通りに進めました。次回の配信日までに課題を終わらせること，確認テストで8割超えることを目標にしていました。

　GWに入ったころには，「社労士24」を聴きながら，前年テキストから新しいテキストへの転記をし，苦手箇所の確認と情報の一元化をしました。このおかげで，直前期には，「このテキストを読めば大丈夫」という安心感がありました。

　直前対策講座も学習計画表の通りに進めました。5肢択一の問題に慣れること，解く時間をスピードアップすることを目標にしました。また，苦手箇所は付箋に書き出して自作の「弱点まとめノート」に貼り，本試験当日まで持ち歩いていました。

　最直前期である8月に入ると，毎日全科目触れ，テキスト読みと暗記に比重を置きました。横断まとめ，目的条文，統計白書，判例は引き続き目を通し，演習問題はサブノートを使いました。

　そして本試験1週間前からは，「社労士24」は1.5倍速で一回転し，選択式問題集の回答頁をテキスト代わりに読みました。

　試験当日の朝は，ミニテストを全て解き，基本論点の最終確認をして本番に臨みました。

＜利用教材／3年目＞

資格の大原　経験者合格コース（通信）	講義の視聴とテキスト読みをじっくりと1～2回実施しました。特に苦手な論点や講義で触れられたところに重点を置いて学習しました。目次を見て，どんな内容が書いてあったかを思い出せるように，頭の中に目次をつくることを意識していました。
社労士24	通勤や家事の合間を活用して，スマートフォンで毎日のように聴講しました。前年の不合格の原因となった一般常識科目には特に重点を置き，繰り返し聴講しました。直前期は1.5倍速で視聴していました。
選択式トレーニング問題集	1～2回使用しました。特に安衛，労一，社一については，完成文をテキスト代わりに読み込みました。
択一式トレーニング問題集（アプリ併用）	7～8回実施しました。間違えた問題については，正誤の理由を記録しながら解答し，誤答した論点については必ずテキストを参照しました。
資格の大原　トレーニング問題集のアプリ（択一式の全科目）	スキマ時間を活用して，正解率や理解度の低い問題を繰り返し解き，自分の言葉で論点を要約するメモ機能を使用しました。電車移動時，仕事の休憩時間，信号待ち，レジ待ちの時間，体調の悪いときでもスマホは見られるので，横になりながら問題を解いていました。
模試	資格の大原のカリキュラム含まれている模試を自宅で1回，会場で1回受験しました。解く科目の順番，時間配分，休憩時間，マークシート用の鉛筆に慣れる，防寒対策や当日の飲料水や昼食メニュー，マスクの種類なども試しました。

隙間時間を徹底活用

　朝4時に起きて家族が起きるまでの1～2時間，家事を済ませ子どもが寝たあとの夜9時以降に1～2時間が机に向かえるメインの勉強時間でした（平日：2～3時間　休日：3～5時間）。

　耳勉ができる「社労士24」の講義を家事中に聞くほか，職場までの通勤時間や子どもの習い事の待ち時間などのスキマ時間はアプリで過去問を解きました。昼休みは論点チェックや判例についても資格の大原のブログを

読んでいました。通勤は車だったので駐車場についてから降りるまでに，択一式問題を10問程度解きました。

　学習内容は前日の夜に確認し，スキマ時間にする学習内容もあらかじめ決めておくことで，ロスタイムを減らすようにしていました。また，睡眠中に暗記すると定着が良いと聞いて，寝る前には，目的条文の音読と横断まとめの暗記をしました。

自分用の勉強机を準備することでより捗るように

　勉強場所については，最初はダイニングテーブルで勉強していました。ただ，勉強に取りかかるまでの準備や片づける時間ももったいないと思い，学生時代に使っていた勉強机を実家から運び入れたところ，火がついた気がします。机に向かったらすぐ勉強に取りかかることができるので，テキストや問題集の該当箇所を開いたままにしていました。

スケジュール管理について

　毎週日曜日の夜に，翌月曜日から日曜日の1週間サイクルで計画を立てました。日曜日の午後は余白にして，計画通りいかなかったときに柔軟に調整できるようにしました。子どもが体調を崩したり，仕事が忙しかったり，予定通りに進まないと，悔しさや不甲斐なさ，焦りのような感情も出てきますが，そんなときもある，「週末に帳尻が合えば良い」と思うようにしていました。

　バーチカルタイプの手帳にその週にすることを具体的に書き，終わったら済の印を押していました。可視化できると達成感があります。1日の終わりには，「私，がんばった，えらい！　すごい！」と自分を褒めていました。

　このスケジュール帳の振り返りと翌週の計画を立てる時間をとることは，

開業した今も続けています。

受験期間を支えてくれたもの

　受験勉強は困難なものだという先入観がありましたが，やってみると，知識が実務と結びつく感覚があり，知的好奇心が満たされました。

　それでも，膨大な勉強範囲に圧倒され，試験のチャレンジを後悔する日もありました。そんなときは『しあわせ学習法9フレーム』（大原出版）という学習法が助けになりました。心のあり方を意識し，小さな成長を楽しみながら勉強することの大切さを教えていただきました。

　また，同じ社労士受験生の存在も支えになりました。SNSを通じて情報交換や励まし合い，一人ではないという安心感を得ました。合格後も交流は続いており，後述するオンラインコミュニティでもつながりができました。

　さらに，2回目の勉強の途中で半年ほど前年の合格者にコーチをしてもらいました。勉強方法のみならず，メンタル面でのサポートも頂き，とても支えになりました。のちに自分がコーチングを学ぶきっかけの一つにもなりました。

　そしてなにより，一番支えてくれたのは家族です。勉強時間の捻出のため，家事時間の短縮は必須でした。家族に家事を手伝ってもらう交渉力は試験勉強で身についた副産物かもしれません。子どもたちの家事力が上がったことも嬉しい誤算でした。とはいえ，時には寂しい思いもさせてしまったと思います。GWや夏休みに思うように遊べなかったことは，心残りです。それでも一緒に散歩に行ったり，料理をしたり，交換日記をしたり，できるだけコミュニケーションを取るようにしていました。交換日記は今でも大切な宝物です。

合格後

開業ダッシュの会のオンライン版の立ち上げにかかわる

　2021年1月に社労士登録をしたものの，事務所の経営，仕事の仕方がわかりませんでした。

　まずは，PSRネットワークの「プロゼミ」という社労士の開業塾に参加しました（現在は社労士の学校「MANABIYA」）。

　ある日，その開業塾でお世話になっている，社労士の藤咲徳朗先生のクラブハウス（音声SNS）を聴いていたところ，その日のゲストが障害年金で有名な松山純子先生と人事制度でご活躍の榎本あつし先生，そして長野でコーチングスクールの校長もされている社労士の森田舞先生でした。

　4人の先生に共通していることは，20年ほど前に森田先生が立ち上げた「開業ダッシュの会」というコミュニティに参加されていたことでした。そして，「今まで続けてこれたのも，不安でいっぱいだった開業当初に相談できる仲間がいたから。本当にありがたかった」と口々に言っていたのが印象的で，羨ましく思いました。「私もそのような横のつながりを持って，わからないことを聞いたり励まし合える仲間がいたら…」と，衝動的に森田先生に「いつか開業ダッシュの会のような場を作りたい」とメッセージを送ったのです。ほどなくお声がけいただき，事務局としてオンラインサロンの立ち上げに参加することになりました。

　ゼロからイチをつくる経験は，それまでの社会人経験ではなかったことでした。森田先生の発想力，行動力，影響力はどれも私にはないもので，それはとても新鮮で学びの多いものでした。

　現在は，3期目となり全国に100人近くの心強い仲間がいます。わからないことを気軽に相談し合ったり，月に2回の定例会や勉強会，セミナーを開催したり，私も事務局でありながら1期生として共に学んでいます。

時には一緒に仕事をすることもあります。横のつながりの大切さを実感しています。

最初の仕事は知り合いから

　最初はパートをする社労士事務所との兼業でした。

　開業登録のタイミングに合わせ，ITに強い夫が自己紹介的なホームページを作成してくれました。そして，Facebookで「妻が社労士として起業しました」という投稿をしてもらったことが，最初の仕事につながるきっかけとなりました。

　学んだ知識の提供でお役に立つことのできた初めての経験に，大変充実感を味わいました。社労士になって良かったと思えました。その企業とはその後もつき合いが続いています。

　その後，少しずつ発信をしていったところ，小学校のママ友から連絡をもらい，労働時間に関する講師の依頼が舞い込んでくることもありました。

　また，勤務先の事務所の所長のすすめで，行政協力もいくつか経験しました。臨時労働保険指導員，厚労省委託の労働相談員，自治体の相談員，現場のリアルな声を聞くことのできる相談業務の経験はとても貴重です。相談員同士や行政機関とのつながりもできました。開業間もないときは金銭面でも精神面でも心強かったです。

移住がきっかけで完全独立

　茨城への移住は，正直戸惑いもありました。けれども，知らない土地で新たな一歩を踏み出す機会はそうそうありません。そんな前向きな視点を持てたことは，自分にとって大きな成長となりました。

　新しい生活が落ち着くまで，引っ越しや子供たちの転校に専念し，仕事をセーブする決断をしました。働き方についても悩みました。新しい地域

での開業は想像しにくく，社労士事務所や行政，事業会社への就職も視野に入れ，求人サイトにも登録しました。社労士資格を持っていることは自信につながりましたが，就職は時間的な制約がありました。家族との時間を大切にする気持ちが勝り，収入よりも自由度の高い開業を選びました。

　完全に独立してから，自分のライフスタイルに合った働き方になりました。積極的な営業活動や経営者の集まりには参加していませんが，いただいた仕事に全力を注ぐことで，次の仕事も得ることができました。売り上げも少しずつ増え，以前は夫の扶養内でパート勤務をしていた主婦が，正社員時代の年収を上回るようになりました。不安を感じることもありますが，新しい環境での人とのつながりや目に見えない報酬も，やりがいや喜びにつながっています。

これから

　関わる人や組織が目指す未来を実現するための「伴走者」でありたいと思っています。相応しいサポートを提供できるよう，コミュニケーションのスキルや人間力を高めるために，コーチングを学んでいます。また，社労士コミュニティの仲間と連携し，仕事の効率化や仕組みづくりにも取り組んでいきたいと思っています。さらに，子育てで養われた臨機応変な対応力や対人関係のスキル，時間管理能力など，仕事でも役立つ経験を活かし，女性の働き方・生き方に焦点を当てた講座を開催し，講師としての活動も展開していきたいと考えています。出会った人の幸せのために自分に何ができるか，広い視野をもって柔軟な姿勢で挑戦していきたいと思います。

Message

　スキルアップのために挑戦した社労士試験でしたが，資格取得により，働き方や生き方に新たな選択肢が広がりました。その後の出会いと学び，行動が人生を変える力を持っていること，子育てで一時的に止まったキャリアの再開も可能であることを実感しています。

　試験勉強は苦労もありましたが，今振り返ると，熱中した時間は幸せだったと感じます。合格は，応援してくれた家族や友人，勤務先の所長や同僚にも喜んでもらえました。受験のきっかけをくれた小学校の先生やお世話になった予備校の先生，受験生仲間にも感謝の気持ちを伝えられたことは，良い思い出です。

　もし，社労士試験があなた自身を変える可能性を感じるのであれば，迷わずにチャレンジしてみてください。きっと，見えなかった世界が広がることでしょう。そして，その新しい世界で一緒に活動することがあれば，とても嬉しく思います。年齢に関係なく，未来は変えられると信じています。お互いに頑張りましょう。

FILE 8

退職して背水の陣。物流・建設業界の業務改善を目指して

加藤健司 (かとう・けんじ)

- ▶受験開始／合格／開業登録：2019年（48歳）／2021年（49歳）／2022年（50歳）
- ▶予備校等：1回目 2回目 3回目 すべてフォーサイト
- ▶開業資金：400万円くらい
- ▶支出内容：登録費用（ダブルライセンス分），セミナー＆勉強会，書籍，備品等あわせて合計100万円くらい

PROFILE

加藤行政書士・社会保険労務士事務所 代表

東京都町田市生まれ。30年以上物流業界に勤務。現在一人暮らし。学び直しとして通信制の大学に通い在学中に宅建士・行政書士試験に合格。卒業後，社労士に合格して開業へ。

現在の仕事の割合

行政書士：4割

社労士：4割

補助金・助成金関係：2割

開業1年目は会社員時代の5割程度の売上でした…

社労士を志したきっかけ

サラリーマンで居続けることに不安

　物流業界で製造業の貨物輸送に約30年以上携わってきました。そのなか

で資格取得を考えたのは，将来に不安があったからです。リーマンショックや東日本大震災などの大きな出来事が起きるたび，製造業と物流は打撃を受けてきました。リストラはされなかったものの，完全に仕事がストップするようなこともあり，「この先どうなるかわからない」と不安に駆られました。そして，「この先も，急にリストラされたりすることはあるだろう」と思ったのです。

そこで，「受け身で状況が改善するのを待つだけではなく，自ら主体的に行動できるよう選択肢を増やしたい」と考えました。

通信制大学に通いながら宅建士・行政書士に合格

まずは，学び直しとして通信制の大学に通うことにしました。1年2年と学んでいくにつれ，「今の業界でスキルアップしていくのではなく，どうせ勉強するなら困ってる人の手助けが出来る仕事をしていきたい」と考えるようになったのです。

そこで，宅建士・行政書士・社労士の資格取得を決めました。元々漠然とですが法律関係の仕事に興味があったうえ，法律や制度を知らずに損をすることがあったからです。宅建士・行政書士は，通信制大学在学中に合格することができました。

合格するまで

カラーテキストが好きでフォーサイトを活用

行政書士受験時よりフォーサイトを使っていたので，社労士試験についても3回とも同じにしました。カラフルで見やすいテキストが気に入っていたからです。

「大人なのに，カラーなんて！」と思う方もいるかもしれませんが，侮れません。カラーは記憶を呼び起こすトリガーにもなるからです。実際，「あのページのあの辺りに書いてあったはずだったけどなんて書いてあったっけ？」というときに「確か何色の場所だったよな」と思い出すことができました。

　ちなみに，フォーサイトに限らず，どこの資格学校の教材を使っても合格レベルは行くと思います。要は使い方次第です。私自身は，浮気せず慣れたものを使うほうが効率的だと思っています。

テキストを「耕す」

　勉強にあたっては，過去問を解き，わからないところをテキストに戻り確認することを繰り返しました。テキストに戻る際に補足情報などを逐一書き込み，テキストに情報を一元化してました。例えば，付箋やコピーなども活用してテキストに情報を集めました。ある講師の方が仰っていた言葉になりますが「テキストを耕す」です。そうすることによりわからないことを確認するときにテキストを見るだけで済みます。直前期にも，時短になり大変役立ちました。

　また，暗記したい表などはプリントアウトしてどこでも見られるようにして接触回数を増やし暗記に役立てました（意外にも試験勉強でプリンターが大変活躍しました）。

　ちなみに，フォーサイトのテキストには勉強した日付を書く欄があります。その欄を埋めることが勉強した証になり，モチベーションにつながりました。

会社を辞めて退路を断つも，不合格

　全部で3回受験しましたが，1回目は4カ月しかないお試し受験でした。

それでも，500時間近く勉強して一通り全科目をさらいましたが，選択式問題は合格点が取れたものの，択一式問題では30点台でした。「社労士試験は甘くはない」と痛感しました。

2回目は絶対に受かるつもりで勉強しました。前半は平日2時間，週末は1日5時間程度勉強しました。月にすると大体100時間前後だったと思います。

年が明けて感染症が流行し，仕事にも影響が出て部署を異動することが決まりました。業務内容が大幅に変わることになり，「これも何かの良い機会」と思い，退職して勉強に専念することにしました。

今思うと，20年以上勤めていた会社をよく辞めたと思います。それだけ受かりたい気持ちが強くありました。専念受験生になってからは1日8時間，月にすると約200時間近く勉強しました。年間トータルすると1,500時間以上です。とにかく量で勝負するつもりで勉強しました。

満を持して受けた2回目ですが，択一式試験の点数は合格点を大幅に超えていたものの，選択式試験の1科目が基準点に達せず不合格となりました。足切りが社労士試験の一番の怖さだと改めて実感した次第です。

3回目での合格

3年目は，トータルで1,500時間以上は勉強しました。2回目のトラウマで，「あの思いをするのは絶対に嫌だ」と勉強時間を増やしました。そして，何とか合格することができました（今では，試験を3回受けたおかげで知識が定着したと前向きに考えています）。

結局，合格までに合計3,000時間は勉強しました。

ちなみに，行政書士試験は1,800時間ぐらいでした。行政書士試験のほうが，絶対評価で，足切りも「一般常識問題」だけなので，勉強して知識を蓄積していけば合格につながりやすいかなと思います（筆記の問題もあるのでその辺りの対策は大変ですが）。

　結局，社労士試験，行政書士試験ともに巷で言われていたり予備校が謳っていたりする勉強時間よりもずいぶん多いです。若くなく，忘れやすくなっているぶん，量で勝負せざるを得ないのは致し方ないことではないでしょうか。

専念で昼夜逆転の生活

　前述の通り，２年目の途中から勉強に専念するために仕事を退職しました。時間を自由に使えることはとても良かったのですが，かえって「仕事に就いてない間に絶対合格しなくては！」と毎日プレッシャーを強く感じるようになりました。やはり収入がない状態というのは焦りと不安でストレスが大きいです。

　また，元々夜型なので，夜から勉強を始めて朝まで勉強するという昼夜逆転した生活になってしまいました。最初の頃は生活リズムを直そうと努力しましたが，１日のノルマの消化ができないと寝ないことにしていたので，すぐ戻ってしまいます。途中からあきらめて夜型のまま勉強を続けました。

　試験１カ月前から生活を戻し始めて，１週間前からは試験日とほぼ同じ生活リズムで行動しました。食事も朝昼は試験日当日と同じものにしていました。さすがにそこまでは少しやり過ぎかと思いましたが，意外と楽しんでできました。

ネガティブな感情を行動の原動力に

　専念中は，だんだん生活が単調になりメリハリがなくなり，集中力も維持しづらくなり，ただ無気力で机に向かうこともありました。本当に勉強が嫌になり逃げだしたくなることもありました。「いっそ撤退して楽になろうか」と何度も考えました。

結局，ネガティブな感情を行動の原動力に変えました。

「こんなことしてたら受からない」「また落ちるのは嫌だ」「また1年勉強したくない」「選択式問題でまた足切りにあうのでは？」というネガティブな感情に突き動かされて，とにかく机に向かい勉強しました（「合格して社労士になって働いてるところを想像する」とか，「成功してる自分を思い描く」というポジティブな感情でやる気を出す方法は，自分にはできませんでした…）。

やる気やモチベーションは波があり持続するのは難しいですが，習慣化してしまえばそれほど難しくはありません。1日のノルマを決め，実行したことを記録しておくことでやったぶんが自信につながりました。

合格後

行政書士・社労士を同時に開業

社労士試験合格後，実務経験がなかったので事務指定講習を経て，先に受かっていた行政書士と同時に開業しました。現在の行政書士と社労士との仕事のバランスは，半々くらいです。それぞれの業務の特徴を考えると，前者がスポット型収入で後者がストック型収入ですので，そうするとやはり今後は後者をメインにしていくことになるかなと予想しています。

開業半月は仕事がなく…

開業する前から仕事のアテがある方もいますが，私は開業してから半月くらいは仕事がありませんでした。最初に来た仕事は，同じ行政書士支部の先輩から紹介された社労士業務でした。

自分が思い描いていた業務とは全然違いましたが，思いがけない業務を

受けていくうちに専門業務が出来ていくのだろうと思い，二つ返事で引き受けました。今現在も，来る仕事は選ばずに受けるようにしています。

　初受任は大変嬉しく，「これで自分はゼロじゃないんだ」と安心しました。できるだけ「人とは比べない」「マイペースで良い」と自分に言い聞かせてきたものの，「一生仕事が来ないのでは？」という恐怖感は大きかったです。紹介してくれた同じ行政書士支部の先生には，一生足を向けて寝られません。

ダブルライセンスのメリット

　行政書士・社労士ともに魅力ある資格です。どちらかでも十分成り立つはずです。メリットは以下の通りかなと思います。

・許認可と労務関係をワンストップで行える（労務関係から許認可に繋がることもある）。
・行政書士が扱える許認可は1万を超えるので，社労士だけで営業するよりお客様と知り合える分母が大きくなる。
・行政書士から社労士業務，社労士から行政書士の業務についてそれぞれ質問を受けてお答えすることでそれぞれの士業と信頼関係を構築しやすくなる。

失敗したこと／やらなくて良かったこと

①　受任に至る工夫をしなかったこと

　紹介された案件でお客様と面談する際，紹介者から聞いた注意事項をそのままお客様に伝えてしまい受任に至らなかったことがあります。受任につながるように，ストレートな伝え方はダメだと反省しました。

　例えば，決まった料金でも，伝え方次第でお客様の印象は変わります。条件は同じでも，工夫次第で結果が違うことはあるかなと考えています。

②　「やらなくても良かったこと」はない！

　1年目は何でもやったほうがいいと思っています。やれば何かしら得るものがあるので，「やらなくても良かったこと」はありません。

　強いて挙げるならば，実務に不安があるからといっていつ入るかわからないような業務のセミナーや勉強会を受けなくても良かったかもしれません。インプットも大事だけどもっと大事なのはアウトプットです。

これから

トラック業界の業務改善に取り組みたい

　物流と建設関係に携わってきたので，この業界の運送業許可や建設業許可などの許認可業務を行いながら併せて労働環境改善をしたいという思いがあります。

　特に，トラック業界の業務改善に取り組みたいです。トラック業界に「2024年問題」というものがあり，働き方改革の推進が必要です。

　さらに，物流も建設業も人手不足の問題が大きいので，社労士として行うべきことは多いと考えています。

　この2つの業界は作業中に危険が多いことが特徴です。事故が起きれば大惨事になることがあります。安全衛生にも力を入れ，安全な作業環境を作る手伝いをしたいです。また全体的にメンタルヘルス不調も増えているので，その辺りも精通していければと思っています。

　現在は，来る業務を選ばず受けている状況ですが，「物流・建設業に強い行政書士・社労士と言えば加藤健司」と言われるように，想いを口に出して発信して現実化していきたいと考えています。

Message

　社労士試験の勉強を始めたのが48歳で合格したのが50歳です。試験勉強ではやはり年齢的なこともあり学んだことがなかなか記憶できなかったりして，辛くて悔しい時も沢山ありました。

　覚えたと思ったことがスグ抜け落ちます。「ここまで覚えられないなんてある意味凄い」と笑うほかない状況でした。

　しかし，勉強方法を工夫することで，年齢的に衰えていくと言われている部分を補うことが出来ました。

　社労士試験は試験範囲も広くて覚えなくてはいけないことが沢山あり大変ですが，諦めなければ合格できる試験だと思います。勉強していて辛くなることもありますが，そんな時は一度休憩を取っていただき，しかし休んでいるだけでは前に進まないのでまた自分を奮い立たせてぜひ諦めずに頑張っていただきたいと思います。

　開業するのに年齢が若いほうがいいという意見を聞くこともあります。

　確かにどうせ開業するなら若いにこしたことはないのかもしれません。しかし，けっして45歳以上の方が不利なことはないと思っています。かえってその年齢までの経験があるほうが良い場合もあると思います。今までの自分の経験なんて大したことないし役に立つことなど何もないと思う方もいますが，そんなこともなく皆さんに今までの経験に基づく強みとなるものがあります。私も自分には強みとなるものなど何もないと思っていた一人でしたが，今までの人生を何度か振り返りながら考えていたら見つけることが出来ました。ありきたりな言葉になりますが人生100年時代と言われる現代で，45歳以上からのチャレンジは遅すぎることはないです。逆にその年齢にある強みを生かしていければいいと思います。

　社労士の仕事は「人」に関する仕事だと言われています。私は人の働く環境を良くしていくことで企業の成長にも貢献していき，社会全体を良くしていければと思っています。ぜひ社労士の資格にチャレンジしていただき，仲間になってください！

FILE 9

パワハラ被害も「ここで終われない！」と社労士取得。「消費」×「労働」を軸に

下村静穂（しもむら・しずほ）

▶受験開始／合格／開業登録：2017年（44歳）／2020年（47歳）／2022年（49歳）
▶予備校等：1回目と2回目は市販の問題集，社労士Vの年間購読＋解説動画，3回目と4回目は社労士24（4回目は直前講習コースのみ）

PROFILE

ア・ルース消生労事務所代表。

愛知県名古屋市出身。東京の女子大学を卒業後，地元のエネルギー会社に就職。その後，研究職を目指して大学院に入学するが，家族介護のため研究を断念。博士後期課程単位取得退学。

介護中に勉強し始めた消費生活相談員資格を取得後，消費者センターで4年超，相談員業務に就く。その後の転職先でのパワー・ハラスメント被害をきっかけに社会保険労務士試験の勉強を本格的に始め，2020年試験に合格。労働局との兼業をしながら,2022年3月，名古屋市にて開業。

現在の仕事の割合

行政協力：9割
その他：1割

> 3年目に向けて，講師業以外の3号業務も増えてきました！

社労士を志したきっかけ

研究職を目指すも，介護のためキャリアが中断

　新卒入社した会社を退職後，紆余曲折ののち，研究職を目指して家政学

系の大学院に入学しました。しかし，博士課程の在学中に家族が難病にかかり，介護のため研究を中断し，地元に戻りました。

　ちょうど周りは結婚，出産ラッシュのなか，自身は終わりの見えない介護生活で「生産性のない日常」が続くようでした。泣いてばかり，精神的にかなり追い詰められました。そんな制限のある生活をしながら，「せめて何か生産性のある行動を」と，それまでの専門を生かせる消費生活相談員の資格を取得しました。

　家族が亡くなり介護が終わると，資格を活かし，消費者センターで相談員として働くことになりました。4年半程度勤め，他の行政機関では調査員の仕事にも就きましたが，いずれも年度更新のある非常勤職員だったため，将来への不安はぬぐえないままでした。

パワハラに遭ったことが社労士取得を固く決意させる

　社労士という資格を知ったのは，その頃です。通勤途中で資格学校の案内が配られていました。

　人事労務の職務経験はありませんでしたが，行政機関で法律をもとに助言や調査を進める業務を長年していたことから，チャレンジしてみたいと感じました。活躍している女性が既に多くいること，専門家として長く仕事を続けられそうなことも魅力でした。

　とはいえ，本格的に勉強を始めたきっかけは，転職先でパワー・ハラスメントを受けたことでした。転職先に入社してから気づきましたが，パワー・ハラスメントが原因で古参社員が続々と退職している状況でした。そして，「誰かが被害者でいるうちは自分に被害が及ばないから静観」という，ギスギスした雰囲気の職場でした。

　渦中は本当につらかったです。ただ，社労士試験の勉強を始めていたおかげで，「自分の状況は客観的に見てもハラスメントだ」と理解できました。その知識が，真っ暗闇のなかで遠い先に見える，そして足元を照らす

光のように感じられ,「法律を知る」ことの大切さを痛感しました。

　一方で,働かせる側が法律を知らないことで起こる不幸も目の当たりにして,「社労士になって,働く人も,働かせる人も幸せになれる会社作りに貢献したい」と強く思いました。

合格するまで

4回受験（ただし前半2回は独学で中途半端な勉強）

　4回目で合格しました。とは言っても,前半2回は「そりゃ落ちるわ」と言いたくなるような中身の薄い勉強内容だったと思います。

　受験雑誌を年間購読して,付属の解説動画を「とりあえず観ていた」だけ。問題集も1問1答形式のものを場当たり的に解くだけで本番を迎えていました。問題集も1冊解き終わらないうちに,別の「○○式」や「△△だけ」と銘打った参考書や問題集をとりあえず買ってみて,どれも中途半端でした。

3回目は「社労士24」

　心を入れ替え,3回目から通信教育の「社労士24」を利用しました。ただ,「あの知識も足りていない,この知識も足りていない」とインプットに時間をかけすぎてしまい,肝心の演習問題がほとんど手つかず。本試験では,択一式で時間内に解き切ることができませんでした。

　択一式は,大問1つにジャンルがバラバラの5肢が置かれている形式ですが,5つの別ジャンルの肢をごく短時間で読み解かなければなりません。さらに,一定数を不合格にするための「難問」というトラップが紛れ込んでいるので,知識を入れてるだけでは合格できないと痛感しました。

4回目で「運ゲー」をクリア

4回目は「社労士24」の直前対策コースのみ受講しました。3回目の反省を活かし，5肢択一演習問題にも6月下旬から取り組みました。また，正答率よりも，解説からテキストに戻り，抜けている知識を再度埋めていくことを重視しました。模試は結果に一喜一憂せず，解説から知識を定着させることを心がけました。

さらに，受験回数が多くなると，「試験問題の評論家になり，ものすごく細かい論点までこだわりを持つ」傾向があります。そういう多年度受験生を多く見てきたので，「ギリギリの合格で十分」と自分に言い聞かせていました。とはいえ，「ギリギリの合格」を満たせるラインの力だと，選択式の「穴」に対応できる力まで身につきません。4回目の選択式はいわゆる「救済」待ちで，自己採点でそれがわかったときは，「ギリギリ狙いの勉強法では，いつまでたっても運ゲー」だと思いました。

その時に書いていたつぶやきメモが残っていますが，今でも見るたびに心が苦しくなります。

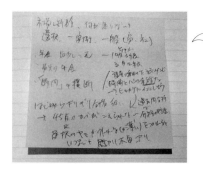

「社労士試験何が足りない？」という問いかけのなぐり書きメモ

試験から合格発表までの3カ月程度は気に病みすぎて，見ても仕方がないのに合格点や救済科目を予想するウェブサイトを毎日のように見ていました。

　ただ，結局は「運ゲー」を何とかクリアし，４回目で合格することができました。

勉強方法について

　社労士24には豊富なゴロ合わせがあります。ただ，ゴロを覚えていても，択一演習の時に問題で問われた内容とサッと結びつかないという悩みがありました（答え合わせをすると「あー，あのゴロなのに〜」と思い出せる）。

　そこで，大原から公開された「50音順ゴロ一覧」をプリントアウトして，ゴロの横にそれぞれが示す事項をオレンジペンで書き込む作業をしました。すると，脳内で浮遊していたゴロと知識がビッチリ結びついて整頓できました。

　イメージとしては，学生時代に習った界面活性剤の汚れを落とす仕組み「カルボキシル基現象」です。この作業により，演習問題で汚れを浮かせるがごとくゴロを脳内の引き出しからスッと取り出せるイメージで，回答時間がグッと早くなりました。

勉強時間について

　合格年の５月以降，平日は朝，晩合わせて２，３時間，土日は１日５，６時間程度勉強。直前期の土日は８時間程度勉強しました。日々座りっぱなしの生活で，試験後は自転車で坂道が上がれないほど筋力が落ちました。

　また，スキマ時間の活用のため，トイレに100均で購入したガスコンロ下に敷くアルミシートを貼り，その上に重要事項を書いた付箋を貼ったりしていました（試験当日は，その付箋をノートに貼って持参）。

＜タイムスケジュール（平日・休日）＞

（平日）

- テレワーク日は，朝食，身支度後，朝7時45分ごろから8時半ぐらいまで問題集。終業，夕食後，夜8時前後〜10時ごろまで問題演習，動画視聴など。
- 出勤日は，通勤電車で動画視聴，出勤前にチェーン店カフェで30分程度問題演習，昼休みに動画視聴。夕食後はテレワーク時と同じ。
- 直前期は，早朝4時半ぐらいに起きて6時過ぎまで問題演習を解いていました。結果，睡眠時間を削っているので，眠くて眠くて，テレワーク時の昼休みの15分程度，ベッドで気絶するように仮眠をとっていました。

（休日）

- 問題演習で1日5〜6時間。直前期の土日は8時間程度。
- 基本的に，午前は8時台〜11時半ぐらい，13時台〜17時，時に夜も2，3時間。

「ここで終われない」反骨心が自分を支えてくれた

　パワハラ被害の頃，プライベートでもドン底でしたが，「アタシャ，こんなところで終わる人間じゃねぇんだよ」という反骨心がありました。その後，一本調子で上昇できたわけではなく，行きつつ戻りつつ，泣いたり笑ったりの数年でしたが，勉強を続けられたのは，反骨心のおかげだと思います。

合格後

合格後，自分迷子に

　試験に受かることしか考えていなかったため，合格後に初めて身の振り方を考えました。X（旧Twitter）上で合格同期のLINEグループに入りましたが，そこで飛び交う人事労務業務にかかわるワードがさっぱりわかり

ません。

「こんな何も知らない人間に誰が仕事を頼むのさ！？」と思いました。

確かにパワハラの経験から，「働く人も，働かせる人も幸せになれること」に貢献したいとは考えていましたが，合格することに必死すぎて自分が社労士としてどんな働き方をしたいのか，どんな活動をすれば目指す貢献につながるのかは考える余裕がなかったのです。完全に「自分迷子」になってしまいました。

SWOT分析で経歴を棚卸し

仕方なく，自分の経歴などをSWOT分析で棚卸ししてみました（戦略的というよりは，どうしたらよいか途方に暮れて，苦し紛れの策です）。

「強み」は，大学時代のホテルの電話交換業務のアルバイトから始まって，家庭教師や塾講師，消費者センターでの相談業務や出前講座の講師の仕事など，「話すこと」と「教えること」の経験をたくさん積んできたこと。そしてその「声」，「話し方」や「教え方」がわかりやすいと褒めていただけることが多かったことでした。

その強みへの気づきを経て思ったことは，「『消費』については消費者センター，『労働』については弁護士や社労士が教えられるけれど，両方を一度に教えられる人は，それほどいないんじゃないの？」ということでした。そして，「この2つを組み合わせたら，私の独自性が生まれるのでは？」と思い至ったのです。

あわせて「機会」を考えた時，3つの契機が思い浮かびました。

一つは，2022年度に民法改正に伴う成年年齢の18歳引下げを通じて，若年層の消費者トラブルの増加が見込まれており，消費者教育の重要性が高まっていたことです。

二つ目は，同じ年度に高校で金融教育の義務化が始まり，その項目に消費者教育も組み込まれていたことです。

　最後の一つは，コロナ禍でテレワークが浸透し，副業解禁の流れと相まって詐欺的な副業トラブルが増加していたことで，それに対する消費者庁や国民生活センターなどが啓発の必要性を，発表していたことでした。

　「そんなご時世だからこそ，『消費』と『労働』を，伝える必要性は増しているんじゃないの？　それ，誰が伝えられるの？　私でしょう!!」と（厚かましくも）思ったのです。そして，「『消費』×『労働』というジャンルで，講師活動を中心に活動していこう」と方針を立てました。

労働局の行政協力から仕事開始

　活動方針を決めていたものの，その時点でまだ開業するかは決めていませんでした。消費者問題に強い弁護士事務所のパラリーガルも兼ねた社労士求人に応募したりもしたものの，あっさり書類選考で落ちました。未経験のアラフィフには事務所勤務は難しいと悟りました。

　そうは言っても，「せっかく試験に合格したのだから少しでも早く人事労務に関係する業務に就きたい」と思い，まずは労働局の行政協力（週4）勤務で経験を積み始めました。そして事務指定講習の後に，その他登録をしました。

行政協力をしながら兼業開業

　行政協力の仕事を始めた頃，市が主催する半年間の創業支援塾にも通いました。いろいろな講義を受ける中で，徐々に開業しようと気持ちが固まりました。

　その後，労働局勤務を続けながら，市のインキュベーション施設に入居して兼業スタイルで開業登録しました。このインキュベーション入居の特典として施設のマネージャーに無料で相談できるため，その制度にお世話になりながら試行錯誤で進んでいます。

これから

「消費×労働」というジャンルでの講師活動のため，毎日発信を続ける

「口コミでも紹介でも，初めてあなたに仕事を頼みたい人は，必ずあなたのことを事前にネット検索するよ！　だからホームページは開業当初から用意しておくべきだし，SNSなどを使って積極的に情報発信したほうが良い」と，創業塾や先輩社労士から口々に教えていただきました。

アドバイスを受け，開業当初から消費者トラブルに関する情報をX（旧Twitter）で発信しています（消費者センターで受ける相談ではSNSの闇も散々見聞きしてきたため恐怖心もありましたが）。

「発信しなければ，自分のような一新人社労士を知ってもらえる機会はない。それなら存在しないのと同じになってしまう」と自分を励ましつつ，毎日発信を続けています。

おかげで，SNS経由で，大学のキャリアセンター主催の1日講座で，消費者トラブルをテーマに講師を行う仕事なども経験しました。これからも，講師業務のボリュームを増やせるように地道に活動していこうと考えています。

Message

　社労士登録をして社労士会の行事に参加すると，同じ程度の登録年次でも自分が比較的若手であることに驚かせられます。そして，年齢に関わらず意欲的で素敵な方たちに遭遇して，励まされます。

　「あぁ，年齢で『ダメかも』と自分に制限をかけていたのは自分だったのだなぁ」と痛感させられます。

　若さのアピールはできないかもしれませんが，これまでの人生経験で積み重ねてきたものが思いもかけない形でアピールポイントになり得ます。

　なにより，合格して社労士の世界に一歩踏み出すことで，それまで接点のなかった人たちと接点を持つチャンスが得られ，世界が広がることは実感しています。

　ぜひ，エイヤっ！と一歩踏み出してみてくださいね。

技術職から兼業社労士へ。労務コンサルタントとして北海道を縦横無尽

佐々木大徳 (ささき・たつのり)

- ▶受験開始／合格／開業登録：2018年（43歳）／2020年（45歳）／2022年（47歳）
- ▶予備校等：1年目と2年目は独学，3年目はクレアール
- ▶開業資金：約600,000円
- ▶支出内容：登録費用160,000円／PC100,000円／起業塾等受講150,000円／オンラインサロン参加費120,000円／業務関連書籍50,000円など

PROFILE

社会保険労務士事務所ぽらりす札幌代表

1975年北海道生まれ北海道育ち。大学（工学部）卒業後，大学院工学研究科に進学も中退し横浜で医療機器メーカーのエンジニアとして勤務。転勤で北海道に戻ったのち，業務過多による心労などにより体調を崩し退職。2年ほどを療養に費やしたあと，設計事務所に設計担当として再就職。45歳で社労士試験に合格しキャリアチェンジ。2022年シンクタンクに転職し，兼業開始。

現在の仕事の割合

シンクタンク：9割
社労士業：1割

社労士としての売上　※1カ月当たり

1年目：家族で道内日帰り旅行へ行ける程度（旭川・富良野くらいまで可）
2年目：家族で1泊食事付き道内旅行へ行ける程度（全道どこでも可）

社労士を志したきっかけ

体調不良による療養がきっかけで社労士に興味を持ち，再就職先で労務トラブルに遭遇したことがきっかけで挑戦を決意

私はもともと根っからの理系です。社会人になってからは一貫して技術畑を歩んできました。ただ，技術職として働く中で，課員の働き方の管理といった業務もしていたこともあり，労務の分野に興味関心は持っていました。とはいえ，自分が社労士という法律系の資格を目指すとは夢にも思いませんでした。

大きなキャリアチェンジのきっかけは，自身の体調不良による療養と，再就職先の設計事務所で労務トラブルを目の当たりにしたことです。

医療機器メーカーでのエンジニア業務から体調不良で退職するさいに，会社の顧問社労士に，傷病手当金の手続きをしてもらったり，国民年金の保険料免除の案内をしてもらったりしました。その姿を見て，「こんな仕事もあるのだな」「独立できる資格っていいな」と興味を持ったのです。

加えて，再就職先の設計事務所で，業務ミスマッチなどによるメンタルダウンからの退職というトラブルに遭遇しました。別部署で起きたトラブルではありましたが，「もっと就業規則などを整備しておけば防げたのに…」と素人目にも思いました。

トラブルが落ち着いたタイミングで就業規則を改定することになりましたが，会社側が示した修正案は物足りないものでした。「作成費用をケチったのでは…」と訝しむとともに，もともと労務分野に興味があったこともあって，「自分が社労士になれば，労務トラブルを未然に防ぐような就業規則を広めるなどして社会に貢献できるかも」と考え，社労士試験への挑戦を決意しました。

合格するまで

1年目と2年目は独学

　1年目と2年目で使用した教材と試験の結果は以下の通りです。

【1年目】

使用教材	『うかる！テキスト＆問題集』（日本経済新聞出版） 『勝つ！社労士受験　一般常識徹底攻略』（労働調査会） 『みんなが欲しかった！社労士の直前予想模試』（TAC出版）
試験結果	国民年金法の選択式は2点ながら補正対象になり合格ラインクリア（本来，選択式は各科目5点満点中3点以上が合格ライン），しかし択一式の総合点が44点（当年は45点以上が合格ライン）で不合格

【2年目】

使用教材	『うかる！社労士テキスト＆問題集』（日本経済新聞出版） 『出る順社労士必修過去問題集（労働編＆社会保険編）』（LEC） 『みんなが欲しかった！社労士合格のツボ　選択対策』（TAC出版） 『勝つ！社労士受験　横断整理徹底攻略』（労働調査会） 「社労士V」6月号（白書対策） 「月刊社労士受験」7月号（法改正） 『みんなが欲しかった！社労士直前予想模試』（TAC出版）
試験結果	選択36点，択一46点で，合計点の合格ラインはクリア。が，健康保険法の択一式がまさかの3点（科目別合格ライン10点満点中4点以上）で不合格

3年目はクレアールを利用

　1年目と2年目で，社労士試験の怖さを思い知りました。失点を徹底的に振り返り，たどりついた結論は，問題演習の不足による知識の定着具合の浅さでした。そして，その敗因を補うための対策として，クレアールの通信講座を利用することにしました。各予備校の教材サンプルを取り寄せ，

他校に比べて問題演習の量がダントツに多いと感じたのと，クレアールには２年セーフティーコースという制度があり，万一不合格でももう１年追加料金なしで受講できるうえ，１年で合格した場合はキャッシュバックも用意されていたので，モチベーションになると思いました。

　また「受験生日記」というものの存在も大きかったです。これはクレアールに関係が深い，「社労士試験　最短最速合格法」という受験生向けホームページで展開している企画なのですが，日々の学習内容などを日記形式で綴っていく毎年恒例の企画で今も続いています。これに参加する事により社労士試験合格という共通の目標を持った仲間と切磋琢磨することができ，日々の学習に対する意識向上に大変役に立ちました。

　また，クレアールの教材は，以下のように使いました。

①　まずテキストを読む
　３年目なので，過去問で出てきた「論点」を自分なりに整理したり，横断整理したりしながらテキストを読みました。例えば健康保険法で適用除外の項を読んでいたら，厚生年金保険法の適用除外もチェックする，といったようにです。

②　講義視聴
　「点の取れる知識のアウトプットの仕方を身につける」という視点で講義動画を視聴しました。「これは！」と思えば，すぐにノートやテキストに書き込みました。通勤時間や家事をやりながら1.5倍速で何度も繰り返し聞きました。

③　問題演習
　講義視聴で得たアウトプット力をキチンと発揮出来るかを確認しながら問題演習をしました。

　これまでの勉強で，ある程度知識は身についているはずなので，「どうしたら早く正確にアウトプットできるか」を重視して学習を進めたのが良かったのだと思います。

　さらに，クレアールの過去問題集が一問一答式だったのも良かったです。消去法で解かず，根拠を持って決断ができるようになるまで丁寧にやることができたからです。

勉強時間

合格までに費やした学習時間記録（単位：hour）

	19/Dec	20/Jan	20/Feb	20/Mar	20/Apr	20/May	20/Jun	20/Jul	20/Aug
平日平均	2.0	1.9	3.5	4.2	4.0	3.5	4.3	3.8	4.4
休日平均	2.2	2.1	3.3	4.3	3.9	4.6	5.6	5.6	8.6
月間合計	64.5	60.5	100.0	130.5	119.5	123.0	139.5	137.5	151.5

　12月より学習を開始し，徐々にペースを上げていきました。8月は夏季休暇を試験日直前に充てて追い込み学習ができるように調整しました（試験直前の1週間は朝から晩まで勉強しました）。

　トータルすると1,000時間ほどですが，講義動画の視聴や模試を受験していた時間も含まれますので，能動的に学習していた時間はもっと少なく，700時間弱くらいです。

　結果，選択式34点，択一式51点。選択式の労働一般常識科目は2点でしたが補正対象となり，何とかこの年に合格することができました。

受験仲間の存在

　合格した2020年度は新型コロナが猛威を振るった初年度だったこともあり，オンラインで社労士受験生向け勉強会が盛んに行われた年でもありました。それらに参加することで全国各地に好敵手と呼べる仲間ができ，「彼らには負けられない」「ともに合格するんだ」という大きなパワーを得ることができました。

　そして前述の受験生日記のメンバーともそうですが，当時ともに学んだ方達とは今も仲良くさせてもらっています。試験に合格し社労士となった

現在も，情報交換や互いの近況を報告しあったり，時にはリアルで会って
酒を酌み交わしたりと，私にとってかけがえのない方達となっています。

合格後

異業種からの開業登録に躊躇する日々

念願の社労士に合格したものの，すぐには開業登録をしませんでした。
設計事務所では設計担当技術者だったので，実務経験もなく「こんな自分
に依頼する奇特なお客様はいないだろう」と尻込みしたのです。ただ，
「何とかして道を探りたい」と社労士向けの実践セミナー（プロゼミ（現：
MANABIYA））やオンラインサロン（開業ダッシュの会）に参加したりし
ました。

そして，それらに参加することで知り合った仲間から，「地域で開催さ
れている起業塾に参加している」という話を聞いて触発され，地元自治体
が後援している起業塾にも参加しました。毎週末，朝から夕方まで顔を合
わせ，「起業する」という共通の目標に向けてともに学びを深める濃い時
間でした。講座が終了するころには受講されたメンバーともすっかり仲良
くなり，今でも定期的に顔を合わせて近況報告をしています。

そして，起業塾の面々にも触発され，「やっぱり私は社労士として活動
してみたい」という気持ちが強くなったのです。

兼業が可能なシンクタンクに転職

「社労士として活動したい」と思ったものの，40代後半で子どももいる
ので，路頭に迷うわけにはいきません。まずは，資格を活かした経験を積
むことができ，かつ兼業可能な職を探すことにしました。この条件つきの

転職活動はかなり難航しましたが，粘り強く行動を続け，とあるシンクタンクからご縁をいただけました。そこで，社労士として登録し，兼業を開始しました。

平日日中はシンクタンクで，医療機関向けの労務管理のコンサルタントとして活動しています（社労士業務を行っているわけではありません）。

平日の夜や土日祝日は，開業社労士としての仕事をしています。先方の都合や社会保険労務士会の会務など，どうしても平日の日中に時間が必要な場合は，年次有給休暇などを利用しています。

社労士の資格を活かした
労務管理のコンサルタントの仕事について

労務管理のコンサルタントとしては，セミナーへの登壇や労務に関する相談業務を主に行っています。そして業務エリアは北海道全体なので，移動が非常に多いです（北海道は九州と四国をあわせたよりも広いのです！）。

札幌から道東方面に行く機会が多く，例えば札幌から釧路へ行くとなると300kmほどの距離を移動します。横浜〜名古屋や大阪〜広島間と同じくらいの距離になります。釧路までなら飛行機を利用し50分くらいで行けますが日帰りで往復したりしますし，札幌を中心として釧路だけでなく室蘭（130km）や旭川（140km），函館（260km），北見（300km），時には稚内（370km）や根室（460km）などに行ったりもします（カッコ内は札幌からのおおよその移動距離）。

道内移動だけなのに1週間の移動距離が2,000kmを超えたりと日本縦断レベルになることもあり，本来の仕事量としてはそうでもないのに移動だけで疲弊してしまうこともしばしばです。さらには積雪寒冷地なので冬の移動はより苛酷になります。

Zoom面談など，ここ数年でオンラインでできることも増えたので，生産性の面で大変助かっています。とはいえ対面でないとできないこともあ

りますし，道内で仕事をする以上，これは仕方のないところです。

開業社労士の仕事について

　今のところは主に手続業務をスポットで受けています。社労士仲間から就業規則など各種規程のリーガルチェックを受託することもあります。また，北海道社会保険労務士会を経由して依頼があった行政主催のセミナーで講師をしたり，業界団体からの依頼で事業所の労務監査業務を行ったりなどもしています。

　ちなみに，最初の開業社労士としての仕事は，起業塾で一緒だった方からの依頼でした。「初めて会った社労士が私だった」という理由でしたが，世の中に大勢いる社労士のなかで，経験が少ないにもかかわらず自分を選んでもらえたのは大変うれしかったです。

ワークライフバランスが喫緊の課題

　おかげさまで，開業以来さまざまな業務を行っています。ただ，兼業ゆえに必然的に夜間や土日に仕事をすることも多く，仕事以外に費やせる可処分時間が十分に確保できないこともあります。労務コンサルタントとして働き方改革の支援をする仕事をしていながら，自身のワークライフバランスは褒められたものにはなっていないという状況なので，喫緊に考えていかなくてはと思っています。徐々に開業社労士としての業務の比重を増やし，自分の裁量でコントロールできる時間を増やせるよう，今まさに模索しているところです。

これから

父親の育児支援をしたい

　私には，将来に向けての目標があります。それは「社労士資格を活かして，父親の育児支援をする」ということです。

　今でこそ男性の育休取得率は17.13％（令和4（2022）年度　雇用均等基本調査より）ですが，私の子どもが生まれた当時は1％前後でした。当時の上司に育休の取得を申し出ましたが，「はっ？　何言ってんの？？」と取りつく島もない，そんな時代でした。

　「親となったからには子育てを思う存分楽しみたい」と目論んだものの，子どもの発熱時などによる休暇や早退等に周囲の理解を得ることも難しかったりして，それらが積み重なり精神的に厳しい状態に追い込まれたこともありました。

　そのような経験をしたこともあり，社労士の資格を活かして父親の子育て支援活動をライフワークにしていきたいと思っています。最終的な野望はズバリ「現在の意味での『イクメン』という言葉を死語にする」です。父親・母親といったカテゴリに分かれることなく育児を行うことが当たり前の世の中になるように働きかけていきたいです。

Message

　社労士はまったくの未経験でも，現在の仕事を続けながらでも十分に目指すことのできる資格です。40代の中盤を過ぎてからでも，遅すぎることはありません。

　社会人経験を相当に積んできた40代以降だからこそ，学習の理解が進みやすいという利点もあります。労働基準法や労災，雇用保険に関することや，健康保険に年金など，特に会社員としての社会人経験がある方なら馴染み深い事柄が多い，というのは想像に難くないと思います。

　そして資格取得後も，経験を活かした分野で活動することができます。社労士の業務範囲は膨大です。人事労務業務の経験がなくても，今までの経験が生きる仕事は必ず存在します。

　目指す目標に向けて共に活動していきましょう！

PART

II

45歳からの
合格ガイダンス

年齢を重ねると，試験には不利？
45歳以上の受験生を沢山見てきた
講師に合格の秘訣を聞きました。

45歳以上が合格するための夢十則

仁井健友（にい・たけとも）

PROFILE

1975年，静岡県生まれ。20歳・中卒・フリーターから，70以上の資格を取得し，㈱ASJにて上場準備やM&A等を担当し，取締役に就任。その後，アイテックス㈱にて取締役に就任。法政大学大学院経営学修士課程修了。

2021年社労士試験合格後，2022年特定社会保険労務士，2023年ISO30414リードコンサルタントと医師の働き方改革人的資本経営に関する業務にも関わる。

社労士試験受験生時代からLINEグループを開設し，延べ500名以上のメンバーと100人を超える合格者を輩出。2024年度よりクレアール社労士講座専任講師に就任。

「社労士になって人生を変えたい」という人に向けた，コーチングやセミナー講師等も行っている。

＜はじめに＞

「資格試験の勉強をしてきたなかで，最も感動した瞬間は社労士試験合格の時でした。」

70以上の資格を取得してきたなかで，なぜ社会保険労務士試験がこれほど特別に感じられたのか。それは，これまでの人生で最も勉強に励んだ9カ月が結果をもたらした喜びと，私の勉強方法が正しかったことを証明できたからです。

2020年11月に社労士試験への挑戦を機に，私はすぐにクレアールの通信

講座に申し込み，新しい学びの場へと飛び込みました。受験勉強を通じて得た知識と経験は，私の人生を豊かにし，仕事にも大きな影響を与えました。

　合格後，取締役を務めるASJグループで，人事労務系アプリケーションの開発や人的資本経営コンサルティング事業の立ち上げに携わり，令和6年度からはクレアールで専任講師として教鞭をとるようになりました。

　さらに，受験生時代から「必勝！　社労士試験合格LINEグループ」を運営。延べ500人以上の受験生との対話を持ち，2023年からは1対1のコーチングを開始し，延べ100人の受験生と直接会話を重ねました。また，試験合格後，300名以上の社労士との交流を通じて，多くの知識や情報を共有し，合格するための方法を探求してきました。

　そこで，私が考案した勉強方法や，多くの合格者・受験生との対話から得られた知見を基に，「夢十則」をまとめました。特に，多忙ななかでの勉強が難しい45歳以上の受験生向けに，高い壁を乗り越えるヒントや合格へのショートカットを提供します。

　「夢十則」の名は，生涯現役世代として，リスキリングや新しい学びを通じて夢を追い続ける受験生の皆さまに向けて，社労士試験合格に必要なことを網羅し，それぞれの夢が叶うことを願って名づけました。

　是非，この「夢十則」を参考にして，合格を勝ち取ってください！

にぃ猫先生の「社労士試験合格に向けた夢十則」

① **基本を徹底せよ**

細かいことにこだわり過ぎることなく，基本論点の理解を最優先しよう。

② **日々の継続は力なり**

毎日の勉強を欠かさず，持続的な努力を心がけよう。

③ **知識のインプットとアウトプットの均衡を保て**

学んだことをすぐに実践・反復し，理解を深めることを大切にしよう。

④ **正解に満足することなく，その理由に着目せよ**

なぜその答えが正しいのか，間違いの原因は何か，その背景を深く知ることが大切だ。

⑤ **科目ごとの横断整理を行い，つながりを探求せよ**

バラバラの知識ではなく，法律ごとの関連性を意識して全体像を描こう。

⑥ **他人を見るな，我が道を進め**

他人の進捗に振り回されず，自分のペースで目標に向かって進もう。

⑦ **敵は問題用紙にあり，共に学ぶ仲間ではない**

本当の敵は問題用紙。受験生としての仲間と共に学び，助け合うことが大切だ。

⑧ **模試や答練の点数は過去の足跡に過ぎない**

答練や模試の結果に一喜一憂せず，冷静に自己分析し，次へのステップとして活用すべし。

⑨ **多忙は味方にせよ**

忙しさを言い訳にせず，有効に時間を使い勉強を継続しよう。

⑩ **年を重ねることは，マイナスポイントにあらず**

年を重ねることはハンディキャップではない。人生の経験は学びの強みとして活かせるもの。

①　基本を徹底せよ

社労士試験合格者の多くから，この言葉を聞くことが多いかと思います。そして，私もこの言葉からお話しすることにしています。

その理由は，多くの法律から幅広い知識が問われる試験だからです。

社労士試験の科目名になっている法律だけでも，労働基準法，労働安全衛生法，労働者災害補償保険法，雇用保険法，労働保険の保険料の徴収等に関する法律，健康保険法，国民年金法，厚生年金保険法という8種類があります。

ここに労務管理その他の労働に関する一般常識や社会保険に関する一般常識で取扱われる法律まで含めると，30種類を超える法律と向き合うことになります。

さらに，法律だけではなく，政令や省令にあたる施行令や施行規則，行政文書にあたる通達，行政手引，判例等も含めると，社労士試験で学ぶことは膨大な量になります。

何が出るかわからないという判断の下に，すべてを覚えようとしてしまう受験生が多く，余計な勉強を追加して落ちる方が多いのが実情です。

それでは，基本とは何か。

これは，資格受験学校等が発行しているテキストの太字部分や赤字部分や過去問題集になります。大体の資格専門学校ではテキストも10種類あって，その量だけでも膨大に感じるかもしれません。しかし，頻出項目と言うのはそのなかでも限られています。

テキストの順番に従って，頻出項目を学び，そして，その理解度を過去問題集で確認していくということになります。そのくり返しで，基本項目を覚えていくことができます。

基本的な内容を理解せずして，発展的な内容を理解することは困難です。

また，基本的な内容を理解し，問題演習をくり返すことで，応用問題への対応も進んでいくので，何が基本的な内容であるかを理解する意味でも，講義を聞き，テキストを読み，そして過去問題集を解くことをくり返すことから始めていきましょう。

②　日々の継続は力なり

最初にお話しした通り，社労士試験は膨大な量と向き合うこととなります。その膨大な量と向き合うさいに，皆さまが大変な思いをするのは「忘却との闘い」です。

特に，45歳以上の読者の皆さまにとっては，記憶力が落ちていることに対する心配もあるかと思います。まずは，記憶の原理についてお話ししていきましょう。

ドイツの心理学者であるヘルマン・エビングハウスが人間の長期記憶について研究した論文で，人は情報を得た瞬間から忘却し，1週間後には74％もの情報を失ってしまうというのが証明されています。これを「忘却曲線」と呼びます。

その後，カナダのウォータールー大学の研究によって，講義から24時間以内に10分の復習をすることで，記憶が100％に戻り，更に1週間後に2回目の復習をすると5分で記憶を取り戻すことができることが明らかになっています。

これは，短期記憶から長期記憶に移行するプロセスになります。つまり，最初に学んだことはあくまでもベースとなり，くり返し学習することで長期記憶へと移されることになるのです。実は，長期記憶は，加齢によりそれほど影響を受けない部分だとも言われています。

つまり，くり返し学習して，長期記憶へと落とし込むことができれば，

安定して覚えることができることを意味しています。

　年齢が高くても合格できることはデータからも立証され，社労士試験合格者のうち，55.6％は40歳以上です。また，最高齢者の合格者は76歳です。社労士試験においては，加齢は言い訳になりません（令和5年度のデータ）。

　それでは，どのように学習していくかと言うと，これは「日々の継続」です。

　先ほどもお話しした通り，「講義を聴く⇒過去問を解く⇒テキストを読む」このくり返しです。一度で覚えることは若かろうとなんだろうと特殊能力でもないと覚えられません。くり返し何度もこの作業をコツコツとできる人こそ，学んだことを長期記憶化して，最終的に合格へとたどり着くことができるのです。

　また，私は，社労士試験を受験すると決めたら，「まったく勉強しない日を必ず作るな」と助言します。これは，毎日何時間も勉強することを意味しているのではなく，時間のない日は過去問を5問解くだけでも，テキストを5ページ読むだけでも良いので，勉強時間ゼロの日を作らないということを指しています。これだけで，忘却曲線に抗うことができるのです。

　私も含めて，特殊能力を有する方ばかりが合格できるのではなく，普通の人が普通のことをやって合格できるのが社労士試験です。日々学習を継続し，くり返し学んできた人こそが合格できるのです。

③　知識のインプットとアウトプットの均衡を保て

「インプットとアウトプット，どちらが大切でしょうか」

こういう質問も多く寄せられます。この場合一言で返します。

「どっちも大事です」

　実際のところ，インプットなくしてアウトプットはできないので，優先順位としては，インプットになるわけですが，専門学校で受講されている方は，講義のカリキュラムに追われてしまい，アウトプットである過去問演習や答練にたどりつけない方も多くなります。これでは社労士試験に合格できません。

　やはり，インプットだけではなくアウトプットが大事です。なぜなら，過去問演習や答練，模試等で理解度を確認することで，自分の足りないところを知り，弱点を認識したうえで勉強を進めることができるからです。特に，過去問演習については，社労士試験で出題される問題形式や問題のクセを知ることができるうえに，インプットした内容の理解度を測る意味でも欠かせません。

　私も日頃，「カリキュラムにはついていくように」というお話をさせて頂きますが，この「カリキュラムについていく」というのは，ただ，漠然と講義を聴くだけでは足りません。過去問演習やテキストを通読することを行うことで，初めてカリキュラムについていっていると言えるのです。

　そこで，日々の勉強のスタイルとしては，時間を3つに区切って，「講義を聴く時間」「過去問等の問題演習をする時間」「テキストを読む時間」に振り分けてから学習を始めると良いでしょう。ひたすら講義を聴いて終わるよりもはるかに理解度は高まります。

　先ほどの忘却曲線に抗う話に近いのですが，私自身，最初のインプットは脳の引き出しに整理せずに物を突っ込んだ状態であり，アウトプットは引き出しを開けてどこに物が入っているかを探す作業だと考えています。故に，インプットとアウトプットを繰り返すことで脳引き出しの中を整理し，開けるスピードを上げていく作業が必要なのです。

　インプットにもアウトプットにも偏ることなく，「車の両輪」だと思って，バランスを大切にして学んでいくようにしましょう。

④　正解に満足することなく，その理由に着目せよ

　日々の過去問演習，答練及び模試について，正解していることだけで喜んでいる人が多いという印象があります。実際のところ，正誤問題を一問一答形式で解く場合，50％の確率で正解となるので，正解か否かということには重きを置かないことをおすすめします。

　では，何に着目するかというと，「何を問うているのか」というところを把握して，正しい選択肢であれば，「何故正しいのか」，誤っている選択肢であれば，「どこがどう書き換えられて誤りなのか」というのを的確に示せるかどうかです。ここまでできて初めて理解しているとも言えます。

　この理由は3つあって，一つは，○×判定だけだといずれ問題を覚えてしまい，○と×の記憶だけで○×回答してしまうからです。
　そしてもう一つは，いくら過去問が重要とは言えども，一字一句同じ選択肢として出題されることは極めて稀であり，同じ論点が形を変えて出題された際に対応ができるようにする応用力を身につけるためです。
　そして最後の一つは，書き換えられた場所に正しい言葉を入れることを意識づけることで，選択式対策にもつながるからです。

　つまり，日々問題演習するさいには，正誤判断だけではなく，理由を書いたり考えたりすることが必要です。理由が思いつかないような，自信が持てない問いの場合は，「？」などとメモしておき，理解が不十分なところを抽出することも大事です。

　問題演習を行う大きな目的は，高正解率を意識することではありません。自分自身がインプットした内容を適切に憶え，理解しているかどうかを見極めることです。アウトプットするさいには，アウトプットがある種のインプットにもつながっていることを意識して，問題演習に取り組みましょう。

⑤　科目ごとの横断整理を行い，つながりを探求せよ

　最初にお話しした通り，社労士試験は膨大な量と向き合うわけですが，実際はそれぞれの科目が有機的に結合しています。

＜科目ごとのマッピング＞

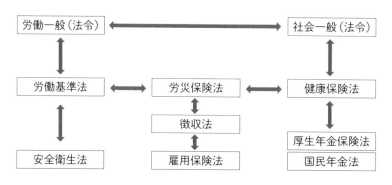

社労士試験とは，科目ごとで知識が求められるのではなく，
総合的理解力・記憶力を問われるものである

　労働基準法を起点にして考えると，労働基準法第42条に「労働者の安全及び衛生に関しては，労働安全衛生法に定めるところによる」と定められ，労働者の安全と衛生に関する法律として労働安全衛生法が存在します。また，労働基準法第75条〜第88条の災害補償の部分は，これだけでは労働者の災害を補償するのに足りないため，労働者災害補償保険法で事業者が保

険料を支払うことで災害補償を行うもので，労災保険法と雇用保険法の保険料の徴収方法を労働保険徴収法で定めています。

　そのほか，労働基準法第4条では「使用者は，労働者が女性であることを理由として，賃金について，男性と差別的取扱いをしてはならない」と定め，賃金以外の差別的取扱いの禁止は労働一般常識の試験範囲である男女雇用機会均等法で定めています。

　また，社会保険科目に目を向けてみると，先ほどお話しした労災保険法は業務上の負傷，疾病，障害，死亡等を取扱っていますが，業務災害以外の疾病，負傷若しくは死亡又は出産に関しては健康保険法で取扱い，業務災害以外の障害は厚生年金保険法で定められています。更に，国民年金法はいわゆる一階建ての基礎年金制度を定める法律であり，厚生年金保険法は二階建て部分にあたる労働者の厚生年金制度を定める法律となっています。そのほか，労働者以外の健康保険制度は国民健康保険法，船員の健康保険制度＋α部分は船員保険法で定められ，これらは社会保険一般常識の試験範囲として含まれます。

　このように，社労士試験とは，科目ごとに知識を求められるものではなく社労士として必要な知識の理解力と記憶力が問われるものです。

　これらを意識して学ぶことで，各法律において共通事項や類似事項，異なる部分を整理することができるようになります。これが横断整理です。

　類似事項で言うと，健康保険法と厚生年金保険法だと，適用事業所，被保険者や届出に関する事項は類似します。もしここが大きく異なると，総務の事務の手続が煩雑になるし生産的ではないからです。類似事項については，「同じものは同じ」と覚えれば，異なる部分を覚えるだけで済むので，結果的に効率の良い学習につながります。

　ほかにも多数の共通事項，類似事項等は存在するわけで，これらをバラバラに認識すると，それこそ科目の数だけ同じことを覚える羽目にもなり

かねません。それゆえ，科目ごとのつながりを意識して学習することはとても重要なのです。

⑥　他人を見るな，我が道を進め

　各種SNSを活用して学習することは一般的になっています。

　その中でも，X（旧Twitter）は，社労士受験生も多く，日々の学習の成果や勉強の悩み等を発信しています。私も，「にぃ猫（@niicat_sharousi）」として，受験生時代から社労士受験に向けたお話や，演習問題，労働統計情報等も発信しています。また，各資格専門学校も情報提供を行っていて，情報収集や仲間と切磋琢磨することを目的として有効に活用することができれば心強いツールとなります。

　しかし，実際のところ，順調に学習が進んでいるように見える受験生の発言や，他人の答練や模試の成績を見ることで落ち込む受験生が非常に多かったりもします。また，複数年受験生においては，合格発表日において，他人の合格発表を見ることで落ち込むことも多いのではないでしょうか。また，SNSは時間を浪費するツールであり，発信するのにも，閲覧するのにも，「いいね！」するのにも時間は経過します。

　せめて，時間を浪費しても，新たな情報を得たり，モチベーションを向上したり，良い息抜きになるのであれば，SNSを活用できていると思えるのですが，イライラしたり，落ち込んだり，辛い思いをしてまでSNSを利用する意味というのは何があるのでしょうか。

　一番大事なのは，自分が通っている受験専門学校の講師を信じ，自分が利用しているテキストや問題集を信じ，それで学習している自分自身を信じることです。もし，SNSがその障害となるのであれば利用することを再検討する必要性もあると思います。

　Xであれば，ミュート機能やリスト機能等を活用することで，自分自身で必要とする情報を得るタイムラインを構築することは簡単にできます。

不要な情報は見ないという判断も非常に重要になってきます。

　気持ち良く学習する体制を構築する。それはインターネットの世界においても重要となることを認識しましょう。

⑦　敵は問題用紙にあり，共に学ぶ仲間ではない

　先ほどはSNSの話をしました。そして，大事な話をもう一つします。

　社労士試験の敵は問題用紙です。共に学ぶ仲間ではありません。これは，社労士試験自体が相対評価ではあるものの，基準点をクリアすれば合格できる試験だからです。

　ここで，社労士試験の基準点のルールを説明すると，

選択式：総得点40点中28点以上，各科目（8科目）5点中3点以上
択一式：総得点70点中49点以上，各科目（7科目）10点中4点以上

がベースとなります。その中で，各年度の試験問題に難易度の差が生じることから，総得点の調整や科目最低点の補正が行われます。この科目最低点の補正というのが，いわゆる救済という制度です。

　社労士試験の厳しいところは，選択式・択一式共に，各科目の足切り部分を全てクリアし，そのうえで総得点をクリアしなければなりません。そして，過度に問題が難しい場合は，総得点は下がり，科目最低点の補正も行われることから，多くの受験生が間違えない問題を適切に正解し，7割以上の点数を獲得すれば，確実に合格ができる試験です。

　それゆえ，周囲の受験生はライバルではなく，共に一つの目的を達成する仲間として認識し，励ましあい，学ぶためのモチベーションを向上する存在として切磋琢磨することをおすすめしています。

　私自身，受験生時代から「にぃ猫」としてLINEグループで共に切磋琢磨した仲間や，同期合格の社労士さんとは仲良くさせていただいています。今，共に学んでいる受験生は，いずれ未来の社労士となり，皆さまが合格した後に仲間となる可能性を秘めていることを理解していただきたいのです。

　そして，基準点のルールを超えることで確実に合格ができる試験であり，一定の目安も提示されています。そして過去55回の社労士試験において，上記基準を超えたことはありません。7割正解すれば確実に合格ができる試験なのです。

　未来の社労士を敵とするよりも，問題用紙に1年の努力をぶつけることで，基準点を超える成果を挙げて，合格することを目指していきましょう。

⑧　模試や答練の点数は過去の足跡に過ぎない

　例年5月から7月あたりは，受験生から模試の結果を受けて相談が増える時期です。

　相談内容としましては，「模試の結果が想定より悪い」とか「Xのフォロワーさんよりも悪い」という話が物凄く多いです。その問いに対して，私はいつもこう答えています。

　「今は，間違えられる時期なのだから，弱点が見つかったと思って喜びましょう」

　私自身，受験した令和3年は模試を10回受験しました。そのうち，6回は選択式のいずれかの科目において足切り水準となり，合格基準点に達したのは4回でした。しかし，模試の点数で一喜一憂したことはありません。

　何故10回もの模試を受験したかと言うと，受験生が確実に正解する問題

はどのような問題であるか分析するためでした。また，自分が受講している資格専門学校以外の水準を知りたかったからです。

　そして，50%以上の受験生が正解していて，自分が間違えた問題や運で正解したと判断した問題について，徹底的に復習しました。あとは，科目別の自分の弱点を分析するとともに，一番模試で悪かった科目を重点的に学習するようにしました。つまり，自己分析するために，模試を活用したのであって，他者と絶対評価で比較することはしませんでした。

　結果的に，この考えは正解でした。また，模試で点数が低いほうが，復習を一生懸命やるから合格率が高くなるのではないかと考えるようにもなりました。

　特に私の場合，模試の成績としては，平均点で見ると選択式は31点，択一式は52点と高かったのですが，本番では，択一式は59点だったものの，選択式の労働一般常識が1点，国民年金法が2点救済とギリギリの合格でした。これだけ見ても，模試の結果というのは本番に直結するわけではないのです。

　模試の点数が高い人が自慢していたら，「ウサギとカメ」の話を思い出して，復習をしっかりして，間違えた論点が本番で出てきたら，ラッキー！　と思って，点数を上げていきましょう。

　模試が終わってからの追い込みが非常に重要です。
　模試や答練の点数は所詮過去の点数です。
　大事なのは本試験の点数なのです。

⑨　多忙は味方にせよ

　45歳を超えていると，仕事をされている方は一定の役職に就いていることも多く，また，家庭を守る主婦であれば，子どもの成長とともに多忙な日々を過ごしている方も多いかと思います。そのなかで，社労士試験に挑

戦する皆さまには頭が下がります。そのうえで，少し厳しいお話をさせて
いただきます。

　勉強を始めた時は，マークシートの試験だし何とかなるだろうと思って
いた人も，勉強が進むにつれて，内容も難しく感じ，さらに想定通りの学
習スケジュールを送ることができないこともままあるかと思います。

　多くの方はそこで，「やっぱり忙しいし…」と嘆くことになります。

　しかし，社労士試験においては，合格者の80.2％が有職者です（令和5
年度）。つまり，合格者は多忙ななかで合格してきたのです。実際，合格
後多くの社労士さんとお会いしましたが，本当に多忙ななか合格してきた
猛者ばかりです。なので，「周囲の受験生も皆忙しい」ということを認識
しましょう。

　皆が忙しいなかで勉強しているのですから，勉強できる時間をいかに確
保するかというのが合否のポイントとなります。そうすると，移動時間，
昼休み，休憩，余暇など，スキマ時間を勉強に活かそうという思考が生ま
れてきます。「多忙ななかで勉強できる人」こそが，「合格できる人」なの
です。

　私は，受験生時代はスマホに講義をすぐ見ることができるURL，学習
支援アプリをホーム画面に登録し，電車に乗ったときや休憩中やご飯の時
間も短い時間も含めて，何かしらの勉強ができるようにしていました。ま
た，カフェに行く時間が確保できたときは，テキストを読めるように常時
バッグにテキストを入れていました。とにかく，スキマ時間こそが勉強時
間だと考え，いつ，いかなる時も勉強していました。

　スキマ時間中の勉強は，短い時間であることを認識しているので，集中
して過去問を解いたり，決められた範囲の講義を聴くのに適しています。
山ほど時間があると思うと，勉強が雑になるので，スキマ時間は凄く有用
なのです。

「休憩中に勉強している姿を見せるのは恥ずかしい」と思っている方もいらっしゃいますが，45歳を超え，一定の役職に就いている人が休憩時間勉強している姿は，まさしくリスキリングを先頭に立って実行していることになります。部下や後輩に自らの姿を見せて，変革していく姿を見せていくのも素敵です。学ぶ姿を見せるのは恥ずかしいと思わずに頑張っていきましょう。

⑩ 年を重ねることは，マイナスポイントにあらず

ここまで，社労士試験合格に向けた話をさせていただきました。

ここからは，読者の皆様に一番伝えたいことをお話しいたします。

私自身，45歳の11月から翌年の社労士試験を絶対に合格すると決めて学習を始め，結果的に合格することができました。45歳から社労士試験の勉強をするのは本当に大変なことだというのは身をもって体験しました。しかし，年を取ってからの学習というのは，今までの経験で得た知識を活かすこともできるのです。

それこそ，総務や人事でお仕事されている方はさまざまな経験で培った労働保険や社会保険の知識が身についているかと思います。確かに実務と法律は異なるという話もありますが，手続や単語は大いに活用できるかと思います。また，社労士の学習範囲は非常に広いことから，それこそ，労務トラブルを経験したり，労災保険を受けたり，教育訓練給付金を受けた経験を有する方や，健康診断やストレスチェックを受けたことがある方も多いでしょう。

また，社会保険制度というのは，私たちにとっては遠くない老後や健康を維持するうえでは重要な制度であり，学ぶことで自分を守ることができるようになります。

　また，先ほどお話しした通り，長期記憶に落とし込むことができれば，年齢の差というのは意外と小さいです。合格している方の多くは40代以上です。そして，社労士として開業したり，企業内社労士となるのにも，今までの人生経験や業務経験というのが大きく活きてくるのは間違いありません。

　「社労士ができることは，いずれITやAIによって減ってくる」という話もありますが，私はヒトに関する法律家として，ITやAIは活用していく必要はあるものの，社労士という存在が脅かされることにはならないと確信しています。

　更に，我が国においては，多くの労務トラブルが存在します。また，社会保険制度も少子高齢化の影響等から今後，大きく改正されることが予想されます。そのようなカオスな時代の中にあって，社労士の存在は益々大きくなっていくでしょう。

　現在は終身雇用制度が崩壊したこともあり，長く働くためには，リスキリングなど自己変革を行うことで，自律的にキャリアを構築する時代へと変化しています。そのなかで，社労士試験に合格して，新たなキャリア形成を自らの力で成し遂げようではありませんか。

　私も，資格専門学校のクレアールの講師として多くの受験生と関わっていますが，45歳を超える受験生も非常に多いです。

　社労士試験は，普通の人が人生を変えることができる資格です。実際，私も大きく人生が変わりました。活用の場は非常に多く存在します。

　読者の皆さまが，社労士を目指して，人生を変えていただけることを楽しみにしています。皆さまの合格を心から応援しています。

社労士試験の概要

編集部

受験資格（社会保険労務士法第8条）

① 学校教育法（昭和二十二年法律第二十六号）による大学において学士の学位を得るのに必要な一般教養科目の学習を終わった者又は同法による短期大学若しくは高等専門学校を卒業した者

② 旧高等学校令（大正七年勅令第三百八十九号）による高等学校高等科，旧大学令（大正七年勅令第三百八十八号）による大学予科又は旧専門学校令（明治三十六年勅令第六十一号）による専門学校を卒業し，又は修了した者

③ 司法試験予備試験又は高等試験予備試験に合格した者

④ 国又は地方公共団体の公務員として行政事務に従事した期間及び特定独立行政法人又は特定地方独立行政法人又は職員として行政事務に相当する事務に従事した期間が通算して三年以上になる者

⑤ 行政書士となる資格を有する者

⑥ 社会保険労務士若しくは社会保険労務士法人（第二十五条の六に規定する社会保険労務士法人をいう。次章から第四章までにおいて同じ。）又は弁護士，弁護士法人若しくは弁護士・外国法事務弁護士共同法人の業務の補助の事務に従事した期間が通算して三年以上になる者

⑦ 労働組合の役員として労働組合の業務に専ら従事した期間が通算して三年以上になる者又は会社その他の法人（法人でない社団または財団を含む。）（労働組合を除く。次号において「法人等」という。）の役員として労務を担当した期間が通算して三年以上になる者

⑧ 労働組合の職員又は法人等若しくは事業を営む個人の従業者として労働社会保険諸法令に関する厚生労働省令で定める事務に従事した期間が通算して三年以上になる

者

⑨ 厚生労働大臣が前各号に掲げる者と同等以上の知識及び能力を有すると認める者

試験日

例年8月下旬の日曜日（※必ず社会保険労務士試験オフィシャルサイトをご確認ください）

試験科目

試験は，次表の科目について行われます。

試験科目	選択式　計8科目（配点）	択一式　計7科目（配点）
労働基準法及び労働安全衛生法	1問（5点）	10問（10点）
労働者災害補償保険法（労働保険の保険料の徴収等に関する法律を含む。）	1問（5点）	10問（10点）
雇用保険法（労働保険の保険料の徴収等に関する法律を含む。）	1問（5点）	10問（10点）
労務管理その他の労働に関する一般常識	1問（5点）	10問（10点）
社会保険に関する一般常識	1問（5点）	
健康保険法	1問（5点）	10問（10点）
厚生年金保険法	1問（5点）	10問（10点）
国民年金法	1問（5点）	10問（10点）
合計	8問（40点）	70問（70点）

選択式では「労働保険の保険料の徴収等に関する法律」からの出題はありません。択一式の「労働者災害補償保険法」及び「雇用保険法」は，各10問のうち問1～問7が「労働者災害補償保険法」及び「雇用保険法」から出題され，問8～問10の3問（計6問）

が「労働保険の保険料の徴収等に関する法律」から出題されます。

合格基準

合格基準点は，選択式試験及び択一式試験のそれぞれの総得点と，それぞれの科目ごとに定めます。各成績のいずれかが合格基準点に達しない場合は不合格となります（合格基準点は，10月上旬の合格発表日に公表されます）。

受験手数料

15,000円（払込みに係る手数料は受験申込者負担となります）

受験申込期間

「社会保険労務士試験の実施について」の厚生労働大臣の官報公示（毎年4月中旬）が行われてから5月31日までの間

> ※受験情報については，年によって変わることも想定されます。必ず「全国社会保険労務士会連合会試験センター　社会保険労務士試験オフィシャルサイト」をご確認ください。
> https://www.sharosi-siken.or.jp

社労士 45歳からの合格・開業のリアル

2024年 4 月 1 日　第 1 版第 1 刷発行
2024年11月10日　第 1 版第 2 刷発行

編　者	中　央　経　済　社
発行者	山　本　　　　継
発行所	㈱　中　央　経　済　社
発売元	㈱中央経済グループ パ ブ リ ッ シ ン グ

〒101-0051　東京都千代田区神田神保町1-35
電　話 03（3293）3371（編集代表）
03（3293）3381（営業代表）
https://www.chuokeizai.co.jp

ⓒ2024
Printed in Japan

印　刷／文唱堂印刷㈱
製　本／㈲井上製本所